FERNANDO SARRÁIS

APRENDER A DESCANSAR

3ª edição

Tradução
Emérico da Gama

São Paulo
2023

Título original
Aprendiendo a vivir: el descanso

Copyright © 2011 EUNSA

Capa
Provazi Design

Dados Internacionais de Catalogação na Publicação (CIP)

Sarráis, Fernando
 Aprender a descansar / Fernando Sarráis; tradução de Emérico da Gama — 3ª ed. — São Paulo : Quadrante, 2023.

 ISBN: 978-85-7465-501-7

 1. Estresse (Psicologia) 2. Fadiga 3. Profissionais da saúde 4. Psicologia social 5. Saúde mental 6. Trabalho - aspectos psicológicos 7. Trabalho e classes trabalhadoras - Saúde mental I. Título II. Autor

CDD-158.7

Índice para catálogo sistemático:
1. Fadiga física e emocional : Psicologia do trabalho : Psicologia aplicada 158.7

Todos os direitos reservados a
QUADRANTE EDITORA
Rua Bernardo da Veiga, 47 - Tel.: 3873-2270
CEP 01252-020 - São Paulo - SP
www.quadrante.com.br / atendimento@quadrante.com.br

SUMÁRIO

INTRODUÇÃO 5

O CANSAÇO E AS SUAS
    CONSEQUÊNCIAS 11

O DESCANSO E AS SUAS
    CONSEQUÊNCIAS 17

DESCANSO FÍSICO 23

DESCANSO PSÍQUICO 41

ATIVIDADES QUE DESCANSAM 93

POSFÁCIO 115

INTRODUÇÃO

E no sétimo dia Deus concluiu a obra que fez; e no sétimo dia descansou de toda a obra que fez (Gn 2, 2).

Este texto é fruto de muitos anos de dedicação profissional a cuidar dos problemas físicos e psíquicos relacionados com o estresse e a ansiedade, causados pelo excesso de uma atividade laboral ou produtiva que não se faz acompanhar de um tempo adequado de repouso; por outras palavras, dos problemas que derivam de um desequilíbrio entre cansaço e descanso.

O principal propósito destas considerações é ensinar a prevenir o cansaço de origem psíquica (afetiva e intelectual); especialmente aquele que se vai acumulando pouco a pouco, durante muito tempo, e se converte em crônico.

Nas páginas que se seguem, repetem-se com frequência algumas ideias, à maneira do estribilho de uma canção:

— que o cansaço psíquico crônico está relacionado com o modo de viver;
— que produz emoções negativas (temor, ansiedade, preocupação, tristeza, afobamento) e
— que o descanso depende da realização de algumas atividades que promovem emoções positivas e assim neutralizam as negativas.

Esta repetição tem por fim gravar na memória do leitor a principal ideia do texto. E é com este mesmo propósito que recorro de vez em quando a ditos populares.

Como se trata de um trabalho de divulgação, o ângulo sob qual se abordam os temas não tem a profundidade que se desejaria e esperaria de um especialista na matéria. Mas tem a vantagem de ser mais acessível à maioria das pessoas.

É um texto que não foi escrito para ler depressa e de um só fôlego, mas para fazê-lo devagar e pensar, ou para voltar a ler algum capítulo concreto que interesse mais.

Em geral, é um texto mais *preventivo* que curativo: não fala de tratamentos específicos para as alterações físicas e psíquicas que se relacionam com o cansaço crônico.

* * *

Há muitas pessoas que concentram toda a sua atenção no que devem fazer no mundo exterior: trabalho, família, amigos; e procuram esmerar-se em fazê-lo, de modo oportuno e agradando a todos. Mas mal prestam atenção ao seu mundo interior, às suas necessidades físicas e, sobretudo, às suas necessidades psicológicas e espirituais. Sabem cuidar muito bem dos outros, mas não sabem *cuidar de si mesmas*.

É frequente que, com a idade, vejam diminuir a sua resistência ao esforço e comecem a apresentar sinais e sintomas de cansaço crônico, como cefaleias, astenia, insônias, dores nas costas, distúrbios digestivos, problemas dermatológicos, hipertensão arterial, etc. Tomam consciência desses sintomas e recorrem ao médico de família e aos especialistas em busca de uma solução, para poderem trabalhar como até esse momento. No entanto, quase não tomam consciência da *relação desses sintomas físicos com o estresse crônico* em que viveram durante uma longa temporada. Não procuram uma solução para a causa, mas para os sintomas, e por isso a sua situação costuma ser irreversível. São pessoas que acabam por fazer repetidas consultas e exames médicos, e que tomam remédios durante anos, sem chegarem a resolver o problema de fundo. Com o decorrer do tempo, a questão complica-se com alterações psicológicas, especialmente com uma depressão. Costumo dizer aos meus pacientes que "depois da tensão, vem a depressão".

Como exemplos esclarecedores da falta de equilíbrio entre cansaço e descanso, tensão e distensão, atividade e repouso, gostaria de citar três doenças físicas que estão "de moda" no Ocidente: a síndrome de *burnout* (de esgotamento profissional), a fibromialgia e a astenia crônica. Estas e outras doenças, agrupadas sob a epígrafe de *doenças psicossomáticas*, têm como base comum a tensão psíquica, que se torna crônica pela falta de descanso. Dão-se em pessoas de caráter ou personalidade perfeccionista, hiper-responsáveis, muito autoexigentes, dependentes de êxitos, com marcada propensão para o ativismo e as obsessões, controladoras, com tendência a sentir-se culpadas pelas coisas que não correm bem à sua volta, competitivas, voluntariosas.

É a este tipo de pessoas que se dirige este livro, pois são as que menos sabem descansar.

O CANSAÇO E AS SUAS CONSEQUÊNCIAS

Por dedicar-me à psiquiatria, centrar-me-ei nestas páginas no aspecto *psicológico* do cansaço[1].

---

(1) Deixo aos fisiologistas e bioquímicos as manifestações orgânicas do cansaço, relacionadas com a síntese e degradação das substâncias químicas ativadoras e inibidoras cerebrais e do sistema nervoso vegetativo. Também deixo à margem, e nas mãos dos médicos especializados, os cansaços (sensações de cansaço) que acompanham algumas doenças físicas: nestes casos, a sensação de cansaço deve ser chamada astenia, um fenômeno que também acompanha frequentemente as infecções, anemias, hipotiroidismo, miopatias, bem como as medicações quimioterápicas ou de má absorção intestinal.

Para distinguir um cansaço não orgânico daquele que resulta de uma doença física, deve-se procurar os demais sintomas que acompanham esta última,

Quando uma pessoa está cansada por ter-se dedicado a uma atividade física ou mental por muito tempo, o seu *rendimento* decresce em razão inversa ao aumento do cansaço. Quando chega ao limite, pode sentir-se impelida a realizar *atividades pouco convenientes*, que produzem evasão ou neutralizam de modo imediato o sentimento de mal-estar: por exemplo, o consumo de álcool, doces ou chocolates; a leitura ou busca pela internet de imagens eróticas; o consumo de drogas; compras compulsivas, etc.

Além disso, as pessoas nesse estado veem-se com menos força de vontade para fazer o que devem e evitar o que não devem — têm menos capacidade de autodomínio —, e convertem-se mais facilmente em viciadas ou "adictas" tanto de coisas que as continuam a esgotar ("fuga para a frente") como das que as afastam do esgotamento.

---

a fim de tratar o cansaço (a astenia) na sua causa, a doença orgânica. Deve-se suspeitar de uma causa orgânica da astenia quando a pessoa não realizou nem realiza uma atividade que explique o cansaço que experimenta.

Também deixo para os especialistas em moral o cansaço espiritual ou acídia.

A tendência para a evasão daquilo que esgota e o menor autocontrole por desgaste da vontade causam frustração e por isso empurram ainda mais para a fuga. Cria-se assim um perigoso *círculo vicioso*: cansaço — evasão — vício — frustração — evasão.

Diminuição da força de vontade

A diminuição de energias e da força de vontade manifesta-se na incapacidade de realizar qualquer tarefa que requeira esforço ou seja complicada, acompanhada de um sentimento de rejeição emocional. Tende-se então a deixar passar o tempo sem acometer as obrigações, a deixar acumular os assuntos pendentes, mesmo os de fácil execução, como ordenar as coisas pessoais, fazer uma chamada telefônica ou comprar um artigo necessário.

Tudo parece de uma dificuldade enorme, desde levantar-se pela manhã, assear-se, preparar o desjejum, até coisas que antes se faziam com gosto, como praticar algum esporte, ler, ouvir música, etc.

Há pessoas, frequentemente entre os jovens, cuja falta de vontade pode dever-se à preguiça ou ao comodismo, ao hábito de evitar sistematicamente o que lhes custa e fazer de modo habitual o que lhes agrada. São pessoas que dizem estar sempre cansadas. Mas há casos em que se trata de um *cansaço verdadeiro*.

Para ajudar a distinguir se se trata de um cansaço verdadeiro (por um esforço continuado) ou de um cansaço falso (por preguiça), basta analisar que atividades as pessoas realizaram nas semanas anteriores. Se fugiram de qualquer esforço intenso e prolongado, deve-se pensar que pertencem ao segundo tipo, e é necessário que sigam um plano progressivo de recuperação da força de vontade, sob a orientação de pessoas experimentadas, maduras e com certa autoridade moral.

Do ponto de vista afetivo, o cansaço manifesta-se numa menor atração pelas coisas agradáveis, que é uma espécie de *anestesia da afetividade* e que leva à *anedonia* (incapacidade de experimentar satisfação). Além disso, é frequente a presença de uma *hipersensibilidade emocional para o que é desagradável*, que leva a ter reações de desgosto, irritação e frustração perante os estímulos externos, e a fugir e isolar-se do ambiente para não passar mal: atitudes que não são solução, pois o problema — o cansaço — acompanha a pessoa para onde quer que vá.

Com o decorrer do tempo, a falta de ressonância afetiva provoca o desinteresse pelas coisas e pessoas, a tristeza e a angústia, porque se deixa de encontrar sentido na própria existência cotidiana — o que é sintoma de depressão.

O DESCANSO E AS SUAS CONSEQUÊNCIAS

É lógico pensar que, se o cansaço traz consequências negativas e desagradáveis, o descanso traz consequências positivas, pois alivia ou suprime os efeitos daquele. É um fenômeno parecido com o que se experimenta quando se tem uma necessidade — de comer, beber ou dormir. Quando a satisfazemos, notamos um alívio das sensações negativas que a acompanhavam.

Muitas vezes, para descansar, basta deixar de fazer por um certo tempo o que nos cansa. Outras vezes, será necessário realizar atividades específicas que costumam descansar qualquer pessoa: fazer exercícios físicos, dormir, distender-se; ou, em alguns casos, retomar atividades que tempos atrás causavam sensações positivas de distensão, como tocar um instrumento musical, pintar, pescar, assistir a um esporte, etc.

Em geral, descansam as atividades que proporcionam verdadeiro bem-estar e não produzem emoções negativas quando terminam; atividades que dão prazer, mas são contrárias ao que a consciência considera correto ou bom (consciência moral) e provocam um sentimento de culpa.

Prevenir o esgotamento

Em casos de cansaço intenso ou esgotamento, é importante que a pessoa reflita sobre o motivo que a levou a essa situação e fomente a firme decisão de não recair nele, já que, além de permitir-lhe que saia desse esgotamento, a leva a prevenir os futuros.

Consegue-se prevenir o esgotamento quando se mantém diariamente um equilíbrio entre cansaço e descanso, isto é, entre as atividades que consomem as energias e as que as devolvem: *devemos relaxar todos os dias, porque todos os dias ficamos tensos*. Com a prática, consegue-se introduzir esse equilíbrio na vida ordinária até fazê-lo automático. Assim se obtém uma melhor qualidade de vida e se previnem as consequências patológicas do cansaço em excesso.

O descanso é um dever

Muitas pessoas aprendem desde jovens a trabalhar duramente, a cumprir as suas obrigações, a ser responsáveis e exigentes consigo próprias, mas não aprendem a realizar atividades lúdicas, relaxantes, divertidas, a dizer "agora basta" ou simplesmente "não", e assim acabam por ser escravas da sua *autoexigência*. E isto a tal ponto que, quando descansam, surge nelas um forte *sentimento de culpa*, porque pensam que são egoístas ou comodistas, e põem imediatamente fim a esses momentos de ócio.

Não percebem que o descanso é necessário para trabalhar bem, porque quem trabalha cansado pode dar conta do recado, mas não pode fazê-lo com qualidade. Não se convencem de que o "descanso" (ter momentos em que se ocupam em coisas agradáveis) é um *dever*, é um trabalho mais, como alimentar-se, dormir ou assear-se. Quando conseguirem conjugar o trabalho e o descanso, compreenderão os efeitos positivos que obtêm desse equilíbrio.

Efeitos positivos do descanso físico e psíquico

O descanso físico:

— produz a sensação de energia e vitalidade;
— faz-se acompanhar de uma reação emocional de jovialidade e alegria;
— esta reação, por sua vez, fomenta disposições otimistas, rapidez de pensamento e clareza de ideias;
— e isso impele a vontade a acometer novos planos e a realizá-los com a confiança de serem possíveis.

Estes efeitos devem-se a modificações *químicas e fisiológicas* (modificações nos níveis hormonais e nos neurotransmissores cerebrais) que repercutem positivamente na afetividade através do sistema *límbico*.

O descanso psíquico, além dos *efeitos psíquicos* já mencionados, produz também *efeitos físicos* positivos, devido à unidade psicossomática que se dá no ser humano. Daqui a pouco trataremos com detalhe desta relação psicossomática bidirecional.

DESCANSO FÍSICO

Cada indivíduo tem os seus modos peculiares de descansar fisicamente, mas aqui vou tratar de três que são comuns a todos: o repouso, o sono e o relaxamento. Os três têm aspectos que se entrecruzam e interagem.

O repouso

O verbo "repousar", que é sinônimo de descansar, tem vários significados, mas aquele que mais interessa ao objetivo deste trabalho é este: "permanecer em calma ou quietude".

A quietude física (sentado, deitado ou de pé) descansa os músculos do corpo, mas com a condição de que seja acompanhada de quietude ou calma *interior*. Se a pessoa tem preocupações, ansiedade, temor ou outras emoções negativas, não poderá ter os músculos relaxados e, portanto, não poderá descansar bem fisicamente.

Pode-se dizer que o descanso é um "processo", isto é, uma atividade que se desenvolve no tempo, por etapas:

— o primeiro passo é a *decisão voluntária de descansar*;
— o segundo, a *cessação da atividade* que nos cansou;
— o terceiro, ter *calma interior*.

Há pessoas que não aprenderam este esquema ou, se o aprenderam, ficam a meio caminho: não chegam à última etapa. Alguns não o conseguem porque são hiperativos (não conseguem parar) ou se "embebedam" de atividade para não pensar ou para não ficar a sós consigo próprios. Outros descansam, mas nunca se distendem, estão sempre tensos por alguma destas razões:

— pelo receio de que aconteça alguma coisa se baixarem a guarda;
— porque podem sentir remorsos ou culpa de estarem perdendo o tempo ou ser inúteis;

— pelo receio de que possam pensar mal deles, considerando-os preguiçosos.

Desse modo, nunca chegam à calma interior, que é a etapa em que se consegue maior descanso físico e psíquico. É necessário que descubram a causa desse desassossego, se querem descansar de modo habitual, e não apenas esporadicamente ou em situações especiais, como as férias ou os fins de semana.

Ultimamente, têm-se montado academias com aparelhos, chamados ergonômicos, para exercitar os braços, as pernas e a cabeça[1]. Esses aparelhos ajudam a descontrair-se, mas é necessário que se chegue à calma interior, que não depende apenas de exercícios físicos, mas do controle do mundo interior (pensamento, afetividade, memória, imaginação e percepção) e do esforço por evitar tudo o que possa provocar emoções negativas, que

---

(1) A *ergonomia* é a ciência que trata de adaptar os produtos, as tarefas, as ferramentas, os espaços e, em geral, o ambiente à capacidade e necessidades das pessoas, de maneira a melhorar a eficácia, a segurança e o bem-estar dos consumidores, usuários ou trabalhadores.

causam tensão psíquica e, com o decorrer do tempo, levam ao esgotamento.

O relaxamento

Quando interrompemos as nossas atividades e descansamos, os músculos descontraem-se, mas continua a haver uma certa atividade residual que se chama "tônus muscular basal ou de repouso". Há pessoas — ansiosas, tensas, nervosas, preocupadas, hiper-responsáveis — em que esse tônus é bastante elevado e, com o tempo, acaba por causar um *cansaço crônico silencioso*, que não se manifesta em curto prazo sob a forma de dores ou sensações de esgotamento.

Para conseguir um repouso mais profundo dos músculos e de todo o corpo, é necessário relaxar esse tônus muscular basal, que varia muito de pessoa para pessoa. Como tudo na vida, é preciso aprender a relaxar-se. É uma tarefa pela qual muitos se entusiasmam pelos benefícios que traz, ao passo que outros se mostram céticos, porque acham que é coisa que tem a ver com a psiquiatria e com os doentes mentais, e não querem que ninguém os tome como tais, pois os fariam sentir-se inferiores.

Existem diversas escolas e técnicas de relaxamento. As mais conhecidas e em voga são o ioga e a meditação transcendental. No âmbito clínico, utilizam-se especialmente a técnica de Schultz ("treinamento endógeno") e a de Jacobson ("relaxamento progressivo"). Além disso, existem CDs com sugestões para o relaxamento, como a música e vídeos relaxantes, e no YouTube vídeos feitos por profissionais que explicam como distender-se e chegar à calma interior. Como se vê, não escasseiam os meios para essa aprendizagem, mas o problema está na *vontade firme de praticá-los regularmente*.

Este item completa-se com a aprendizagem de um *modo de viver* sem tensões, para não ter necessidade de tanto repouso. Falaremos disto mais adiante.

O sono

Passamos um terço da nossa vida dormindo. E é assim porque o sono é um processo fisiológico necessário para o bem-estar físico e psíquico. Há uma unanimidade total sobre a necessidade de dormir bem para sentir-se bem.

O ser humano, como a maioria dos seres da natureza, tem os seus ritmos e ciclos. O ciclo ou ritmo circadiano[2] é importante para a saúde e o bem-estar. Pode-se dizer que, embora o ciclo varie de pessoa para pessoa, um adulto necessita por volta de *oito horas de sono*, e que as melhores horas para dormir são as da noite, quando não há luz solar, porque é então que se produz na glândula pineal o hormônio *melatonina*, substância química que atua sobre os neurônios que iniciam e mantêm o sono.

Ao longo das oito horas de sono noturno, a produção de melatonina atinge o seu grau máximo e é por isso que, para conseguir uma boa qualidade de sono, importa *manter constante esse ritmo de sono-vigília*. Quer dizer, convém ter uma hora habitual para deitar-se e levantar-se. Se se muda esse horário com frequência, pode acontecer que o ciclo se transtorne e sobrevenha a insônia.

---

(2) Do latim; corresponde a "que dura um dia".

A relação entre o sono e a saúde é bidirecional. Quer isto dizer que sucede com frequência que nas doenças físicas o sono se perturba; e, ao contrário, quando não se dorme bem habitualmente, acaba por aparecer alguma alteração física e sobretudo psíquica. Cuidar do descanso noturno é um modo esplêndido de manter um bom equilíbrio entre o cansaço e o descanso e assim prevenir problemas de saúde.

A primeira condição para dormir bem é o repouso físico. Não é fácil dormir de pé, embora haja pessoas com hipersono que dormem em qualquer situação (de pé, dirigindo o carro, enquanto comem ou mesmo conversam). Depois do repouso físico, vem o relaxamento; a seguir, a sonolência e a primeira fase do sono. Daqui se deduz que não é fácil dormir se não se está relaxado.

O SONO E OS PROBLEMAS PSICOLÓGICOS

Pela minha experiência, a maioria das pessoas que não dormem bem ou dormem pouco acabam por ter problemas psicológicos. Com o decorrer do tempo — principalmente a partir dos quarenta anos —, pagam o seu tributo sob a forma de doenças psicossomáticas, como as que mencionei, ou caem em depressão.

Muitas pessoas que acumulam durante o dia uma grande carga de tensão ou ansiedade precisam de mais tempo, às vezes de horas, para ir-se relaxando e chegar a adormecer, e sofrem da chamada *insônia de conciliação*. São pessoas que costumam ter um sono superficial, que acordam frequentes vezes (sono fragmentado), e podem acordar várias horas antes da prevista por terem dormido as primeiras horas da noite como fruto do esgotamento causado por um dia inteiro passado sob tensão.

Sabemos desde pequenos o que é dormir bem e dormir mal. Quando alguém se queixa repetidamente de que dorme mal, é necessário recorrer a um especialista que apure a causa e aplique uma solução antes de que comecem a aparecer as consequências da insônia crônica.

Medidas de higiene do sono

Todos os livros sobre esta matéria trazem listas de conselhos para dormir bem. São as chamadas *normas de higiene do sono*. Costumam ser eficazes em pessoas com alterações leves do sono; não servem em casos mais sérios, que precisam de medicação e psicoterapia. São elas:

1. Deitar-se e levantar-se à mesma hora.

2. Limitar a permanência na cama ao tempo necessário de sono (7,5 a 8 horas).

3. Não consumir substâncias com efeitos ativadores ou estimuladores do sistema nervoso central nas horas que antecedem o momento de deitar-se.

4. Evitar as sestas prolongadas durante o dia.

5. Fazer exercícios físicos que relaxem, mas não nas últimas horas do dia, dado o seu efeito excitante.

6. Evitar atividades excitantes horas antes de deitar-se.

7. Tomar banho com a água à temperatura do corpo antes de deitar-se.

8. Almoçar à mesma hora e evitar jantar em excesso perto da hora de deitar-se.

9. Praticar alguma técnica de relaxamento durante 15 a 20 minutos antes de deitar-se.

10. Cuidar das condições adequadas do ambiente para dormir (temperatura, ruídos, luz, consistência do colchão, etc.).

A seguir, passo a insistir em um ou outro aspecto destas medidas:

a) Em primeiro lugar, é necessário evitar o consumo de certas substâncias, muito espalhadas na nossa sociedade, que *modificam o funcionamento normal do cérebro*: o cigarro, o café, as bebidas com cafeína (Coca-Cola e o Red-Bull), os estimulantes (como as anfetaminas e a cocaína), o álcool, medicamentos antigripais (porque contêm substâncias adrenérgicas, que são ativadores cerebrais) e anti-histamínicos (que causam sonolência diurna), tranquilizantes e antidepressivos. É preciso ter em conta que a maioria destas substâncias podem produzir insônia de conciliação ou causar um sono superficial, fragmentado, e a supressão da fase REM (fase de maior profundidade do sono).

Os tranquilizantes e os antidepressivos costumam ser muito úteis para ajudar a dormir quando a causa da insônia é uma doença psíquica. O uso destes fármacos deve ser determinado por um especialista, que indicará a dose, a pauta de tratamento e a duração do mesmo, para não criar um transtorno *iatrôgenico* do sono.

Um bom número desses pacientes terá de tomar este tipo de medicamentos de modo habitual. O mesmo acontece com os idosos com problemas de sono: é claramente vantajoso que os tomem, sempre que se vigie medicamente a sua eficácia e os efeitos secundários que podem produzir-se com o decorrer do tempo.

b) Outro conselho que quero ressaltar é a necessidade de *evitar atividades que excitem nas horas que antecedem o sono*. Por exemplo: assistir a jogos de campeonato que deixem a pessoa nervosa, ver filmes de terror, violência e sexo, ter discussões acaloradas, remoer preocupações ou temores, pretender resolver problemas complexos e difíceis, etc. Fazê-lo de vez em quando pode alterar o sono de uma noite, obrigando a recuperar-se em outras duas ou três noites; mas fazê-lo com frequência pode dificultar essa recuperação e causar insônia.

c) À semelhança dos assentos ergonômicos, lançaram-se no mercado *camas*, *colchões* e *almofadas* que têm contribuído para melhorar o repouso, o relaxamento noturno e o sono. São instrumentos especialmente úteis para pessoas de idade, que costumam ter problemas de dor causados por doenças osteoarticulares, e em pessoas com doenças crônicas (dificuldades respiratórias crônicas, refluxo gastroesofágico) que necessitam de elevar a cabeceira da cama para dormir bem.

Outro avanço foram os *edredons nórdicos*, que ajudam a dormir porque, pelo seu pouco peso, não pressionam as pernas e não produzem sensação de opressão, e ao mesmo tempo conservam bem a temperatura corporal durante as épocas de frio. Logicamente, são úteis somente em climas frios, não nos quentes; para estes últimos, são necessários os aparelhos de ar condicionado silenciosos e com termostato, para manter constante a temperatura desejada.

d) Discute-se sobre os benefícios dos *tampões para os ouvidos* para dormir em ambientes ruidosos. Há especialistas que recomendam que não se usem e que a pessoa afetada cuide de acostumar-se ao barulho ambiental e assim deixe de ouvir os ruídos habituais. Se não o consegue, terá de recorrer aos tampões, que os há muito bons, sobretudo os de borracha-espuma que os hotéis costumam proporcionar. Os de cera ou borracha são bons para os mergulhos submarinos, mas não para dormir, porque machucam o aparelho auditivo e é fácil que, com os movimentos da cabeça durante o sono, afrouxem e deixem passar os ruídos.

e) Se os ruídos procedem da pessoa que dorme na mesma cama ou no mesmo quarto, porque ronca ou se mexe muito, esta deve submeter-se a uma *polissonografia do sono* e consultar um especialista (otorrino, pneumólogo, neurólogo) sobre o diagnóstico e o tratamento a seguir.

Uma das causas mais frequentes dos roncos é a síndrome de *apneia do sono*, que pode causar sérios problemas a quem a padece, mas tem bom tratamento. A agitação durante a noite (pernas inquietas, por exemplo) pode dever-se a problemas de origem neurológica, e alguns deles têm tratamento.

É sempre útil procurar descobrir a causa; o que é inútil é ficar nas queixas. Caso não haja solução e o acompanhante não consiga dormir, é recomendável que se durma em quartos separados.

f) Quando o sono noturno não é suficiente, por se ter reduzido o tempo ou por ser de má qualidade, é benéfico dormir um pouco durante o dia em forma de *sesta* ou de *pescadas*. Todos sabemos que a sesta é uma prática muito espalhada. Alguns pensam que é uma perda de tempo e sentem escrúpulos de consciência. Esses mesmos dão pescadas durante as horas de trabalho da tarde sem o poderem evitar; com isso, fazem uma sesta involuntária, que lhes causa menos problemas de consciência, mas é menos eficaz, porque o sono que resulta daí é mais superficial que o da sesta voluntária. Outros lutam denodadamente por não adormecer, e passam mais tempo em estado de sonolência do que numa sesta. Para uma sesta, bastam 20 a 30 minutos, ao passo que se podem passar 60 a 90 minutos lutando contra a sonolência, o que, além disso, oferece sérios perigos em alguns casos, por exemplo quando se dirige ou se tem de manipular certas máquinas.

Lembro-me da surpresa que me causou, nos meus tempos de estudante, saber que um renomado professor de Neurologia, quando sentia sonolência durante o dia, dava breves pescadas voluntárias de uns minutos. Tinha percebido que, graças a esse costume, o seu rendimento intelectual melhorava muito. Se isso se passava com um especialista no sistema nervoso e, portanto, na fisiologia do sono, podemos dizer com segurança que a sesta e as cabeçadas são benéficas quando por alguma razão não se dormiu à noite o tempo suficiente.

Outro professor contou-me certa vez que existe um antigo costume chamado "a sesta da colherzinha", que alguns personagens praticavam em outras épocas depois de terem almoçado e tomado café. Conservavam na mão a colherzinha do café e, quando adormeciam e a colherzinha caía ao chão, o ruído acordava-os e eles sentiam-se de cabeça clara e dispostos a recomeçar o trabalho no período da tarde. São sestas de muito poucos minutos, o tempo que os músculos da mão que segura a colherzinha demoram a relaxar-se.

g) Há pessoas que, para evitarem a sesta e a sonolência após o almoço, tomam bebidas com cafeína (café, Coca-Cola). Como a tolerância à cafeína é bastante rápida, correm o risco de se tornarem viciadas nessa substância e, paradoxalmente, de não poderem conciliar o sono à noite se não tomam essas bebidas, pois sofrem da síndrome noturna de abstinência.

h) Gostaria de insistir em que, quando se dorme menos tempo à noite, entre 7 e 8 horas, e se sente sonolência durante o dia, é muito bom fazer uma *sesta breve*. Não deve passar de 30 minutos, para não acordar mal disposto e irritadiço, e para não dificultar o sono da noite, dando lugar a um círculo vicioso: dormir demasiado durante a sesta, dormir menos à noite, e portanto necessitar de uma sesta ainda mais prolongada...

i) Convém falar aqui brevemente dos *comprimidos para dormir*. Embora o sono que produzem não seja tão bom como o natural, é suficientemente reparador. Os primeiros *hipnóticos* que se lançaram (barbitúricos) causavam sérios problemas de vício e tolerância (além de porem em perigo a vida em caso de sobredose), mas os novos são cada vez mais seguros para a vida, quer se tomem durante um breve período de tempo, quer se usem durante anos. Também produzem um sono de melhor qualidade.

Existem vários *produtos naturais*, elaborados com extratos de plantas (valeriana, tília, passiflora), que são sedativos e podem ajudar a conciliar o sono em casos de insônia por ansiedade leve. O que não dá resultado — a não ser por efeito placebo — são os artefatos para dormir que baseiam a sua eficácia na produção de ultrassons, micro-ondas, vibrações, ozonização do ar, etc.

Ninguém deve escandalizar-se de que haja pessoas que tomam um hipnótico durante anos, como não tem nada de estranho que se tomem durante toda a vida analgésicos, anti-hipertensivos, antidiabéticos. É frequente que sobretudo pessoas com grandes responsabilidades tomem um hipnótico habitualmente, sem que por isso rendam menos profissionalmente e tenham pior qualidade de vida.

j) Por último, convém saber que *o sono e a vigília estão muito relacionados*: dormir bem contribui para passar um bom dia; e a qualidade do dia determina a qualidade do sono noturno. Ter um mau dia — por problemas, preocupações, desgostos, temores, irritações, frustrações — leva a ter uma má noite, quer porque não se consegue dormir ou conciliar o sono, quer porque se dorme superficialmente, com um sono entrecortado ou povoado de pesadelos. Daí a importância de uma vida tranquila, sem pressas, aborrecimentos, aflições, pessimismos e temores.

Isto não é coisa que se consiga passando a viver numa ilha paradisíaca ou encerrando-se numa bolha mágica. Consegue-se cultivando uma atitude otimista, bom humor (à prova de bombas) e grande tolerância (paciência).

O importante não é que o mundo exterior seja como queremos que seja, para que não nos afete negativamente, mas que nós sejamos donos do nosso mundo interior, para que não deixemos nunca que alguma coisa ou alguém nos *roube* a paz e a alegria.

DESCANSO PSÍQUICO

Todo o cansaço, independentemente da sua origem — física, psíquica ou espiritual — afeta a pessoa toda. Por isso, o cansaço físico tem uma manifestação psíquica, e ao contrário. Por outro lado, é muito útil apurar a origem do cansaço para procurar uma solução adequada.

São muito conhecidos, desde tempos remotos, os *cansaços patológicos* que resultam de um cansaço psíquico. Receberam diversos nomes ao longo da história da psiquiatria: "surmenage", neurastenia, psicastenia. Nos últimos anos, vêm sendo conhecidos como síndrome de astenia crônica e *burnout*. Estes quadros têm justamente como *sintoma* dominante a astenia; mas, por serem *síndromes* (conjunto de sintomas), têm além disso outros sintomas, entre eles os do cansaço psíquico: dificuldade de atenção e concentração, irritabilidade e hipersensibilidade emocional, falta de energia para o trabalho intelectual, rejeição emocional das obrigações e responsabilidades.

A *causa* destes quadros de cansaço crônico é um trabalho intenso e prolongado sem o suficiente e proporcionado tempo de descanso. Um trabalho nessas condições vai desgastando as energias físicas e psíquicas e provoca, como já vimos, o esgotamento das substâncias químicas cerebrais e corporais que produzem a energia.

Daqui em diante, manterei esta distinção didática entre o aspecto físico e o psíquico, e procurarei destacar os fatores que podem produzir cansaço psíquico. Não se trata de uma lista exaustiva, nem a ordem de exposição significa uma hierarquia de importância.

Vejamos a seguir algumas coisas e situações das quais devemos descansar.

As preocupações

Definem-se como "estados de inquietação e temor produzidos por uma situação problemática". Têm, portanto, uma conotação negativa; o seu oposto positivo são as "ocupações".

Estar preocupado é uma atitude vital da pessoa e, como tal, podem distinguir-se nela três elementos:

— O elemento *afetivo*: o temor de que alguma coisa corra mal e nos faça sofrer, e um sentimento de tensão, impaciência, expectativa ou alerta.

— O elemento *cognitivo*: são as repetitivas ideias negativas sobre o assunto que preocupa.

— O elemento *comportamental*: a conduta que se segue para resolver na linha desejada a questão que preocupa.

Se as preocupações são muito intensas, podem *provocar precisamente o que se teme*, porque não se tomam as medidas ditadas pela prudência ou pelo senso comum, mas com a mente emocional (medo de fracassar, de complicar a vida).

Logicamente, as preocupações que mais inquietam são as que se relacionam com assuntos que, se não acabam bem, podem fazer sofrer muito; ou as que dizem respeito a alguma coisa que se estima muito, como por exemplo a saúde própria ou dos familiares, o êxito pessoal ou dos familiares em aspectos importantes da vida, o bem-estar econômico.

Para que as pessoas que se encontram nessa situação deixem de preocupar-se, é preciso fazê-las considerar que *ninguém pode controlar o mundo exterior e moldá-lo a seu gosto*. Em contrapartida, *é possível controlar o mundo interior*. Mediante um adequado e perseverante treino psicológico, pode-se chegar a *mandar* sobre as faculdades interiores, e pensar, sentir, imaginar, recordar e perceber o que se quer, não o que os estímulos ambientais evocam. E para isso é necessário desejar muito mais ter paz e alegria interior do que evitar sofrer os problemas e fracassos que têm a sua origem no mundo exterior.

O mundo é como é: sempre houve pessoas boas e más, doenças, violência, problemas e injustiças que fazem sofrer. Se "aceitarmos" esse sofrimento, deixaremos de temê-lo, sofreremos menos e não nos preocuparemos tanto.

Aceitar não significa conformar-se. Aceitar é não queixar-se, não lamentar-se, não aborrecer-se e não entristecer-se quando se sofre. Conformar-se, pelo contrário, é permanecer passivo, não fazer nada para melhorar a situação. É preciso, portanto, unir a aceitação ao inconformismo: a aceitação não só ajuda a encarar melhor o sofrimento inevitável, como também permite pôr remédio ao sofrimento evitável.

Há pessoas que, por falta de domínio interior, além de se deixarem dominar intensamente pelos efeitos negativos do mundo exterior (sob a forma de preocupações e temores), podem criar um mundo interior incompatível com os seus princípios éticos. Essa vida interior moralmente conflitiva causa-lhes a preocupação contínua de não estarem fazendo o que devem, acompanhada de um estado constante de mal-estar, tensão e infelicidade que lhes vai provocando um cansaço progressivo. Nesses casos, trata-se de um *cansaço de origem moral ou espiritual*, porque procede de não se ter a consciência tranquila de modo habitual.

Enquanto não se consiga o suficiente domínio interior para deixar de preocupar-se, é preciso "despreocupar-se" ocupando-se em outras coisas, compartilhando a preocupação com outras pessoas, rindo das preocupações com "filosofia", etc. Logicamente, é preciso evitar o que nos faria sentir pior do que antes, como é o caso do consumo excessivo de álcool, das drogas, da pornografia, da atribuição da culpa ao entorno (uma espécie de pequenas raivas de filho pequeno).

Todos temos atividades que expulsam as preocupações durante algum tempo: a prática de algum esporte, os jogos de mesa, a leitura, a música, o cinema, como veremos mais adiante. Quando se acaba de realizar essas atividades, pode ser que a preocupação volte, mas será de um modo diferente, porque se terá descansado dela.

A rotina e o ambiente diário

Se uma música de fundo (como a das salas de espera) relaxa as pessoas, os *estímulos habituais*, cotidianos, produzem o efeito contrário: causam aborrecimento, saturação, cansaço e as consequentes emoções negativas: irritabilidade, tristeza, etc.

Há pessoas que se sentem mais à vontade no seu ambiente habitual de trabalho, com a sua rotina nos horários, ou em casa. Mas mesmo os que preferem a rotina e um ambiente sem variações podem acabar por sentir, ao fim de certo tempo, cansaço e fastio com essa vida sem mudanças.

O normal é que isso se verifique entre pessoas vitalistas, ativas ou muito afetivas. As mulheres entram neste caso com mais frequência que os homens. Talvez pelo seu modo de ser mais afetivo, sentem-se compelidas a mudar de vestido e adornos todos os dias. Também se sentem compelidas a acrescentar novos detalhes de decoração ao quarto ou à casa. Chama a atenção a quantidade de pequenos e grandes objetos que algumas mulheres chegam a acumular para ir mudando o ambiente da casa e evitar a monotonia.

Todos nós temos necessidade, em maior ou menor medida, de *mudar as nossas rotinas* de vez em quando: rotinas do ambiente físico (quarto, escritório, casa, carro), dos percursos habituais (ruas pelas quais passamos a caminho do trabalho), do vestuário, da esferográfica, da aparência física (corte do cabelo, relógio, anéis) e mesmo do jornal que lemos.

Algumas dessas mudanças devem ser feitas com mais frequência, outras com menos, em função do cansaço que produz a atividade que realizamos. Quando essa atividade é muito esgotante, o ambiente em que se realiza carrega-se de lembranças das tensões que sofremos nele, e a simples circunstância de retornarmos a esse ambiente renova, *por reflexo condicionado*, a tensão e o cansaço. É algo de parecido ao que acontece com o medo que provoca o trânsito em alguém que foi atropelado, ou com as náuseas que uma pessoa sofre ao entrar num hospital onde passou por uma cirurgia ou quimioterapia.

Aconselha-se com frequência, àqueles a quem os *estímulos habituais* deixam cansados, que "mudem de ares" ou vão à praia. Assim como se aconselha aos que exercem tarefas manuais — pintores de paredes, arquitetos debruçados sobre a prancheta de desenho, pedreiros, motoristas de caminhão, etc. — que liguem o rádio ou ouçam música, pois são estímulos que mudam o ambiente e relaxam.

Contaram-me certa vez a piada de um pedreiro que levava sempre para o almoço uma omelete de batatas, de que gostava muito. Um dia, começou a queixar-se de que estava farto de comer sempre o mesmo. Sugeriram-lhe que dissesse à esposa que lhe preparasse outro tipo de omelete, mas ele respondeu que quem a preparava era ele próprio. É necessário ter um pouco de imaginação e criatividade para não cair na repetição.

Costumo ilustrar com um exemplo a conveniência de inovar e acrescentar coisas agradáveis à rotina de cada dia: o das saladas. Se todos os dias tomássemos apenas alface, sem mais nada, acabaríamos fartos, mas se vem acompanhada de azeitonas, pepino, cebola, ervilhas, etc., não nos cansamos dela. Do mesmo modo, convém reorganizar ou modificar cada novo dia para que seja agradável e menos cansativo.

A tensão ou estresse

Desde que acordamos e começamos a realizar as atividades habituais, temos de fazer esforços, atos de vontade, que exigem um forte dispêndio de energias. Há dias em que as coisas que temos de fazer são fáceis, porque sabemos fazê-las bem; e outros em que são difíceis, porque não as sabemos fazer ou são muito importantes e espinhosas. Estas últimas exigem de nós mais esforço, mais atenção, e tornam-nos mais tensos e ansiosos ante as expectativas de um resultado incerto. São dias ou períodos de maior *estresse*.

O estresse em si não oferece perigo enquanto nos mantivermos nuns limites que não nos causem sintomas patológicos (físicos ou psíquicos) e enquanto mantivermos um bom equilíbrio entre os momentos de estresse e os de relaxamento.

É preciso tomar especial cuidado com as situações de *estresse agudo* muito intenso (morte de seres queridos, doenças graves, etc.), mas às vezes é mais perigoso o *estresse crônico* (menos intenso, mas mais prolongado). O primeiro é fácil de perceber, e as pessoas à nossa volta podem ajudar-nos a combatê-lo. O segundo, porém, faz com que nos acostumemos a esse estado e demos a impressão aos que nos rodeiam de que não precisamos de ajuda.

Os que sofrem de estresse crônico acabam por desenvolver hábitos de vida (de vida estressada) que se enraízam cada vez mais e são difíceis de erradicar quando aparecem os seus efeitos patológicos. Não sabem viver sem esse estresse, que é como uma droga, porque as faz sentir-se estimuladas a render mais e as converte em seus cúmplices: o estressado crônico procura e aceita essa situação.

Estresse e ansiedade são vivências emocionais idênticas. Mas fala-se de estresse quando a ansiedade é causada principalmente por fatores ambientais, e simplesmente de ansiedade quando a origem está na própria pessoa, por insegurança e temor. Na linguagem coloquial, em ambos os casos se fala de "nervosismo".

A *ansiedade* manifesta-se por sinais físicos e psíquicos. Os psíquicos revelam-se pela sensação de urgência, pela pressa e pela intranquilidade. Os físicos resultam da ativação do sistema nervoso vegetativo simpático, que atua sobre o corpo mediante a produção de adrenalina.

O sistema simpático trata de preparar o organismo para a luta ou para a fuga;

é uma reação do corpo ante a percepção de um perigo para a integridade física ou para a integridade psíquica (autoestima). Quando o perigo ou o temor são muito grandes, a ansiedade transforma-se em *angústia*, que se distingue da ansiedade por paralisar, bloquear e inutilizar o indivíduo, tanto física como psicologicamente.

Manifestações psicológicas do estresse crônico

Como o estresse (ou ansiedade reativa) leva a um estado de hiperfunção psicológica (estado de alerta ou vigilância), aparecem na pessoa os seguintes sintomas:

— dificuldade de concentração e memória;
— lentidão de raciocínio;
— dificuldade em tomar decisões (sobretudo frequentes dúvidas);
— perda de interesse;
— diminuição da capacidade de esforço intelectual (evita-se pensar e recorre-se a contínuos estímulos visuais e auditivos);
— obsessões (ideias, imagens ou lembranças que não se consegue expulsar da mente);

— astenia psíquica;
— inconstância;
— rejeição de responsabilidades.

O estado crônico de estresse costuma levar à depressão. Pode-se, pois, considerá-lo como uma situação pré-depressiva ou depressiva em potência.

Manifestações físicas do estresse crônico

Se a situação de estado crônico dura demasiado tempo, os órgãos podem deteriorar-se e dar lugar aos sintomas próprios das chamadas doenças psicossomáticas:

— cefaleia;
— insônia;
— gastrite e úlceras gástricas;
— colite espástica;
— alopecia (queda do cabelo);
— eczemas;
— arritmia cardíaca;
— hipertensão arterial;
— astenia física;
— infecções (especialmente viróticas).

Além disso, o estresse está na origem de outras alterações físicas tais como certos casos de obesidade e de abuso de álcool, cigarro e outras substâncias, devido ao efeito ansiolítico da ingestão de alimentos (sobretudo doces) ou ao efeito energizante de algumas substâncias ingeridas (café, Coca-Cola), que neutraliza o desgaste físico do estresse.

As responsabilidades

Uma das coisas que mais cansam psicologicamente é ter responsabilidades. É o sentimento de obrigação a respeito de uma tarefa que, se não sai como a própria pessoa e os outros esperam dela, pode produzir sentimentos de culpa, tristeza e angústia.

Ser responsável é uma característica positiva e benéfica da personalidade. Significa *conhecer* o que é bom para a pessoa e para os que a rodeiam, e *querer* fazer o bem que se conhece e evitar o mal. Isso torna a pessoa feliz e boa, porque é a tarefa para a qual foi feita e para a qual foi criada. O problema é a *hiper-responsabilidade*.

É hiper-responsável quem faz o bem sem plena liberdade, isto é, pelo medo de sofrer se não consegue o resultado que deseja; ou quem atribui a si próprio responsabilidades que não lhe competem. Há pessoas que pensam que o mundo pararia se deixassem de fazer tudo o que fazem; é como se carregassem o mundo às costas. Outras não se conhecem bem e não sabem quantos talentos têm, mas pensam que devem produzir como as que têm dez. Imaginam que podem arcar com tudo e que devem ser protagonistas de tudo. Essas pessoas têm de aprender a deixar-se ajudar por quem as ensine a ser mais realistas, menos idealistas ou menos imaginativas. Há muitos "quixotes" que não querem prestar ouvidos aos sábios conselhos dos "sanchos" que procuram abrir-lhes os olhos à realidade.

Mas voltemos às consequências psíquicas do sentido de responsabilidade em excesso. É um fator de tensão, que vai consumindo as energias psíquicas e acaba por produzir a sensação de cansaço.

Todos temos responsabilidades, mas nem todos as assumimos no mesmo nível de autoexigência. Alguns possuem uma personalidade perfeccionista, voluntariosa, cumpridora, e esperam levar a cabo as suas tarefas com perfeição, com pontualidade e ao gosto de todos os envolvidos. A forte obrigação que sentem de dar boa conta do recado e o receio de fracassarem fazem-nos entrar numa tensão elevadíssima. E quando não cumprem perfeitamente as suas responsabilidades, costumam ter fortes *sentimentos de culpa e frustração*.

Por esse modo de ser e pelo empenho em realizar bem todas as coisas, os outros tendem a descarregar neles outras responsabilidades, na certeza de que as desempenharão bem e a tempo. Isso faz com que a pessoa responsável se veja continuamente enleada em *múltiplas responsabilidades*. Não consegue dizer "não" às tarefas que os outros descarregam sobre os seus ombros, pois pensa que seria uma irresponsabilidade e que causaria má impressão. E como nunca diz "não" *por não saber dizê-lo*, os outros pensam que não o diz porque *pode com mais essa carga*, e assim se vê a braços com novos encargos. Este processo é um círculo vicioso que, se não se quebra a tempo, costuma levar ao esgotamento e à doença mental típica do homem responsável. No caso extremo, provoca uma patologia da personalidade que se denomina *personalidade anancástica*.

A maioria das pessoas são responsáveis, em maior ou menor grau, mas pode acontecer que haja períodos em que deparem com responsabilidades especialmente pesadas e importantes, como, por exemplo, a luta por uma promoção no trabalho, o nascimento de um novo filho, a atenção a familiares muito doentes, etc. Nesses casos, é vital que peçam ajuda e conselho a pessoas de confiança, mas não o farão se não souberem ganhar o hábito de pedi-los *todos os dias*. É preciso *aprender pouco a pouco* a pedir ajuda.

Também temos de aprender a dizer "não", "basta!" Não podemos esquecer que a nossa primeira responsabilidade é administrarmos bem as forças próprias, se não queremos incapacitar-nos para qualquer novo encargo.

Há muita gente que espera pelas férias do verão para descansar das suas responsabilidades. Ora, além de que há casos em que não é possível ter férias (como o das mães de família, ou dos que administram pequenos negócios, ou dos que têm de cuidar de doentes crônicos, etc.), a verdade é que a melhor coisa é aprender a descansar ao longo de todo o ano. Descansar nas férias é fácil. Difícil é *descansar enquanto se desempenham as responsabilidades*. É preciso aprender a "desligar-se", isto é, a deixar por um tempo diário de pensar, recordar, imaginar e sentir a responsabilidade pelo que se faz.

Este "desligar-se" pode ser alcançado num nível superficial: deixando de falar de uma tarefa que nos absorve e distraindo-nos com evasões passageiras. Mas também pode ser procurado de um modo mais profundo, o que pressupõe uma mudança de mentalidade:

— não sentir-se o único responsável de uma tarefa (saber compartilhá-la com os colaboradores imediatos);

— aceitar com bom humor o fracasso (isso tira 50% do peso das responsabilidades);

— não fazer depender o valor ou prestígio pessoal da execução perfeita dos assuntos;

— desprender-se emocionalmente da opinião que os outros possam formar sobre o modo como desempenhamos as nossas tarefas.

É preciso lembrar aos hiper-responsáveis que a responsabilidade mais importante é a que têm para com o seu mundo interior: *não perderem nunca a paz e a alegria*. Importa lembrar-lhes que, se querem ser muito responsáveis, devem começar por *responsabilizar-se mais pelo seu interior* do que pelas tarefas do mundo exterior; que devem dar mais importância às coisas que só eles veem (essa paz interior) do que às coisas que os outros veem. Enfim, que, se não trabalham com serenidade, podem fracassar não só por dentro, mas também no mundo exterior, pois as emoções negativas impedem um rendimento adequado nas ocupações pessoais.

Em resumo: as pessoas carregadas de responsabilidades ou hiper-responsáveis (ainda que tenham tarefas de pouca importância) têm *maior necessidade de descansar no meio das suas ocupações*, e para isso devem aprender — e utilizar regularmente — os métodos que cumprem essa finalidade:

— distrair-se com atividades lúdicas;

— viajar (a distância física costuma ser acompanhada de distância psíquica);

— alternar as ocupações com frequência, o que faz descansar da anterior;

— manter o bom humor (o riso imprime um sentido festivo à vida e, portanto, ajuda a desdramatizar as responsabilidades);

— pedir ajuda e conselho;

— delegar parte das responsabilidades e confiar nos colaboradores, o que leva a evitar o controle excessivo e obsessivo;

— dar mais importância à responsabilidade de ser feliz do que à de ser perfeito ou ter êxito;

— não procurar demonstrar a valia pessoal ("afirmar o eu") no cumprimento exato de cada responsabilidade (pode-se ser uma pessoa responsável e séria mesmo com fracassos em algumas responsabilidades);

— saber dizer "não" a novas responsabilidades enquanto não se terminarem as anteriores[1].

Sem pretender ser exaustivo, proponho mais algumas medidas:

---

(1) Explicitaremos alguns destes meios na parte final deste trabalho.

a) Em primeiro lugar, devemos tirar importância ao resultado que temos de conseguir, o que nos fará concentrar-nos mais em realizar bem o trabalho que temos entre mãos. *O importante é trabalhar bem, não que tudo saia bem*. A qualidade do trabalho depende de nós, ao passo que o resultado depende muitas vezes de outras pessoas e de circunstâncias que talvez não possamos prever. Se adotarmos este modo de pensar, diminuirá muito a tensão no cumprimento das nossas responsabilidades. Isto significa que devemos pôr a ênfase no esforço por *trabalhar com gosto*, sem nos afligirmos pelo resultado. Trabalhar com gosto cansa menos.

b) Ajuda muito a não estressar-se ter uma boa *hierarquia de valores*, isto é, saber o que é importante, o que o é menos e o que não tem importância nenhuma. Há pessoas que consideram tudo importante e sentem a responsabilidade de fazer tudo muito bem feito. Como as nossas forças são limitadas — e com a idade mais —, é necessário ver o que é verdadeiramente importante, ver até onde podemos chegar, sem ultrapassar a fronteira do possível. Se as coisas importantes correm bem, sentimos segurança e serenidade, ainda que não consigamos chegar ao que é menos importante. É como o lastro de um barco, que lhe dá estabilidade nas tempestades.

c) Para alcançar e respeitar essa hierarquia de valores, importa muito contar com a opinião e o juízo de pessoas experimentadas. Tendemos a pensar que o que agora trazemos entre mãos é de uma importância capital para a nossa felicidade presente e futura. Olhamos as coisas como se tivéssemos o nariz colado à parede e pensássemos que a parede é o mundo inteiro. Para não cairmos nesse subjetivismo — "ninguém é juiz em causa própria", diz o ditado bem conhecido —, temos de recorrer ao conselho de pessoas prudentes e de confiança, que nos ajudem a medir bem as nossas capacidades, a importância das coisas para a nossa vida presente e futura, e assim possamos recuperar a hierarquia de valores.

d) Em minha opinião, uma hierarquia de valores estável, firme e segura ajuda a prevenir o ativismo e a hiper-responsabilidade.

Sugiro uma ordem de valores que pode ser útil para todos:

— os princípios ou crenças;
— a felicidade da família;
— o trabalho feito com gosto;
— o afeto pelos amigos e conhecidos;
— os hobbies.

A preocupação pela imagem

Ser querido e estimado pelos outros é uma necessidade psicológica.

Na raiz desta necessidade de agradar e ser querido encontra-se a *autoestima*, que dá à pessoa uma sensação de segurança e lhe transmite calma e tranquilidade. É, portanto, um fator que faz correr menos riscos de cair no esgotamento psicológico.

Essa consciência de sentir-se valioso, esse conceito positivo que a pessoa faz de si mesma é produto da interação entre a estima própria e a que os outros têm por ela. Durante a infância, a principal fonte de autoestima procede das pessoas que nos rodeiam. Na vida adulta, deve proceder de um juízo de valor pessoal.

Os que desenvolvem durante a infância um *sentimento de inferioridade* sentem durante a vida adulta uma excessiva necessidade psicológica de ser bem avaliados pelos outros. Embora não seja fácil, sem conhecer a história da pessoa, explicar como é que se desenvolve nela o sentimento de inferioridade, pode-se dizer que, em geral, acontece o seguinte: se a criança é avaliada positivamente só porque *é bom o resultado* do que faz — que é o que os outros veem —, e não porque revela *qualidades interiores*, tenderá também a autoestimar-se pela vida fora unicamente em função dos seus êxitos externos, e não dos internos (conhecimentos adquiridos, domínio das emoções, capacidade de luta e de sacrifício, virtudes conquistadas com esforço, como a bondade, a simplicidade, a fortaleza, etc.), que têm por testemunha principal ela mesma.

Todos os que têm uma autoestima baixa, devido à forte necessidade de serem apreciados quando estão diante de alguém, têm uma viva consciência de estarem sendo julgados sobre o seu valor e, automaticamente, ficam tensos, como um ator no palco ou um advogado de defesa perante o tribunal do júri.

Nos casos mais patológicos, fogem de aparecer diante dos outros ou encerram-se em casa para não ver ninguém. Caem no que se chama *fobia social* ou *personalidade evitativa*.

Muitos outros, sem chegarem a essa situação extrema, acabam num *profundo esgotamento* devido ao esforço permanente por cair bem aos outros e ao receio de não o conseguirem. Vivem num *círculo vicioso*, já que, por precisarem da estima alheia, se sentem impelidos a estar com os outros e a causar-lhes boa impressão, e assim sentirem-se bem, ao mesmo tempo que, por esse esforço, se cansam e se esgotam.

Sempre que estão com alguém, tentam adivinhar o que esse alguém espera deles, para satisfazê-lo e desse modo "comprar-lhe ou conquistar-lhe" o afeto. Nunca podem ser eles mesmos, distender-se, ser espontâneos, naturais, transparentes. Têm medo de que, se se comportam com simplicidade, os outros verão como são por dentro e os rejeitarão (lembremo-nos de que se trata de pessoas com baixa autoestima).

Essas pessoas descansam quando não estão "em cena", quando estão sós. Mas nem sequer nesse caso, porque, como não se estimam a si próprias e se sentem inferiores, não se comprazem muito nessa situação e, como o que mais descansa é comprazer-se no que se faz, descansam pouco. Só conseguem o alívio passageiro de não ter que atuar e "representar" durante esse tempo de solidão.

Para que as pessoas com baixa autoestima aprendam a evitar o desejo de "transmitir uma boa imagem" e ganhem independência emocional em relação ao juízo alheio, devem convencer-se da *necessidade de ser interiormente livres*. Devem ser elas mesmas em qualquer situação, estar de bem consigo próprias, isto é, com a sua consciência, pouco se importando com o que os outros pensem delas e sem ter medo de desagradar-lhes, incomodá-los ou mesmo contrariá-los, quando for o caso. Isto, que lhes parece impossível por terem feito o contrário durante anos e sentirem-se mal quando não conseguem agradar, é relativamente fácil quando se põe em prática. A suspeita de que é algo impossível tem uma base mais psicológica que real. Além disso, a sensação de libertação e de independência que se sente quando se vai conseguindo "passar ao largo" do juízo alheio, é muito gratificante e estimula a persistir nessa linha.

Um bom modo de enveredarmos por esse caminho de autenticidade pessoal é começarmos por ser espontâneos *com as pessoas que nos querem de verdade*, que pensam bem de nós, e das quais não temermos que falem mal de nós ou nos prejudiquem ou rejeitem.

O tédio

O tédio está relacionado com a rotina, como já vimos. Mas também é possível entediar-se nas situações novas.

O tédio não tem a ver unicamente com as atividades que se realizam. Relaciona-se também, e sobretudo, com *o valor existencial* que se dá a essas atividades. Muitas mães ocupam-se todos os dias em coisas pequenas, pouco relevantes e repetitivas, mas fazem-no por amor ao marido e aos filhos, para que se sintam bem em casa, para que a comida lhes agrade e disponham sempre de roupa limpa. Esse amor com que realizam as coisas pequenas ou grandes de cada dia cumula-as de paz e alegria, e estes sentimentos são um antídoto contra o tédio e o cansaço da rotina. O mesmo se passa quando se trabalha com entusiasmo, com paixão. Pode haver cansaço físico, mas não psíquico e espiritual.

Há pessoas com uma personalidade tão passiva que são incapazes de encontrar prazer no que fazem e precisam de alguém de ânimo alegre e otimista que lhes incuta a boa disposição de que necessitam para trabalhar contentes e felizes. Há outras, pelo contrário, que sabem trabalhar com gosto em tudo o que fazem e que, quando dispõem de um tempo livre, quando não têm "nada que fazer" de imediato, têm à sua espera diversos passatempos atraentes que as descontraem. *Esgota tanto não saber o que fazer como nunca ter prazer no que se faz.*

Aqui uma advertência aos pais quanto à educação dos filhos. Há pais empenhados em que os seus filhos sejam muito responsáveis, que aproveitem o tempo, que estudem muito, para que, quando crescerem, sejam pessoas importantes e cheias de êxitos. A tal ponto que põem cara feia quando o filho "perde o tempo" jogando e distraindo-se em coisas de que gosta ou em conversas e planos com os amigos. Não percebem que um filho descansado e alegre volta aos seus estudos com maior rendimento. Sim, é bom que os pais ensinem os filhos a trabalhar, mas também a jogar, a "perder o tempo" em coisas relaxantes e divertidas.

Diferente é o caso dos filhos que têm de assumir responsabilidades desde muito cedo, por exemplo por falecimento ou invalidez do pai, e se veem obrigados a arranjar um emprego para sustentar a família. Mas mesmo nessas situações é preciso que, logo que possível, esses jovens voltem a praticar atividades lúdicas, a fim de que sirvam de contrapeso ao seu elevado sentido de responsabilidade.

A competitividade

Vivemos numa sociedade em que nos inculcam desde pequenos que temos de ser dos primeiros e que, se triunfarmos, seremos felizes. Isto leva-nos a adquirir o hábito de *comparar-nos continuamente com os outros* e é fonte de tensão.

É um hábito que se manifesta até nas coisas mais vulgares, como tentar entrar no metrô antes que os outros, apressar-se a ocupar o melhor lugar no ônibus, ser atendido primeiro numa loja, querer vencer sempre num jogo ou que ganhe a equipe de futebol pela qual torcemos. Desse modo, as próprias atividades de lazer, que se praticam com outros para descansar, deixam de ser agradáveis e de relaxar: em vez de proporcionarem uns momentos de distensão, podem causar amargura.

Essa necessidade de competir para triunfar é muito mais forte naqueles que têm uma baixa autoestima ou um sentimento de inferioridade mais intenso. Só se sentem valiosos quando têm à sua volta pessoas piores que eles, de um nível inferior ao deles naquilo que consideram importante: resultados acadêmicos, saúde, elegância, cultura, riqueza, etc.

As pessoas competitivas, esgotadas de competir dia e noite — também se esgotam de noite com sonhos de competição ou de situações em que são derrotadas ou humilhadas — têm necessidade de *retirar-se da competição*. Devem esforçar-se por não ver competidores nos outros, por não avaliar se os outros são melhores ou piores do que elas, ou elas melhores ou piores do que os outros.

Há uma ideia que as ajuda nesse sentido: a de pensar que *se retiraram da carreira do êxito e do triunfo*, como os bons esportistas se retiram em algum momento da vida da modalidade em que se destacaram. Cada qual tem um caminho próprio, segundo os seus dotes, as suas inclinações e a sua preparação. Por que pensar que "o inferno são os outros", como sustentava Sartre?

Para conseguir arraigar na personalidade este modo de pensar e viver — que elimina tensões e invejas —, deve-se procurar muitas vezes e durante um bom tempo *deixar-se vencer* ou, ao menos, não pôr empenho em vencer, especialmente nos pequenos confrontos de cada dia. Por exemplo:

— que outro passe à nossa frente no elevador, que nos ultrapassem na rua ou dirigindo;

— dar razão aos outros quando não há coincidência de opiniões;

— não nos aborrecermos quando a nossa equipe preferida perde;

— admitir sem ficarmos tristes que os outros tenham um carro melhor que o nosso;

— aceitar que os outros tenham mais graça que nós para contar uma piada, que saibam mais que nós sobre música, pintura, história ou qualquer outro campo do conhecimento.

Como vemos por estes exemplos corriqueiros, para deixarmos de encarar os outros como concorrentes, não basta que nos deixemos vencer externamente; é preciso que o *aceitemos por dentro*. Trata-se de competir conosco próprios, em vez de competir com os outros.

Quando uma pessoa consegue mudar de mentalidade competitiva, cansa-se menos e desfruta mais das coisas que faz, porque já não as faz para ganhar, mas porque se sente bem cumprindo o seu dever ou porque deseja servir os outros naquilo que faz.

A *necessidade de ter êxito*

Além de lutar contra a tendência a superar os outros, devemos combater a necessidade de ter êxito na vida para nos sentirmos valiosos.

Uma certa dose de êxito é psicologicamente necessária, como a comida é necessária para o bem-estar físico. *O problema surge com os excessos.*

As pessoas que necessitam de êxito para serem felizes vivem em tensão permanente, porque gastam todas as suas energias ("esvaziam-se", dizem elas) em cada coisa em que se metem; têm necessidade de que o resultado seja *perfeito*. E nessa necessidade está o seu ponto fraco. Vivem em sobressalto contínuo pelo receio de fracassar, num clima de dúvidas tenazes sobre o acerto ou desacerto do que fazem. Com isso, cresce a tensão e, cedo ou tarde, acabam por esgotar-se, porque a vida que levam não merece chamar-se vida.

Um caso típico é o dos estudantes *que vivem atormentados pelo temor de não passar num exame.* Aliviam esse temor empenhando-se em estudar mais, mas esse empenho excessivo impede-os de relaxar. Com isso, quebra-se o equilíbrio entre cansaço e descanso, e a qualidade do estudo diminui. Ao ver que, por terem a cabeça cansada, não avançam na matéria, volta-lhes o temor de uma reprovação e passam a estudar mais e a estar mais tensos e preocupados, com o que se cansam ainda mais e rendem ainda menos. Assim se fecha um círculo vicioso que desembocará no temido fracasso.

Existem muitos exemplos de como a forte necessidade de ter êxito e o medo de não consegui-lo podem *provocar o fracasso que se teme*. Vem-me à cabeça um caso peculiar: o dos jovens que, pelo grande amor que têm pela namorada (ou vice-versa), temem não ter sucesso no seu relacionamento, e desse modo estão sempre numa atitude vigilante, controlando cada passo da namorada para não perdê-la. O resultado é que, por não se sentir livre, a moça acaba por afligir-se e pôr fim ao namoro.

Esta experiência de bloqueio e fracasso, quando se repete várias vezes, pode produzir fobia a situações de avaliação e prova. Em casos extremos, estaríamos diante de uma personalidade patológica, mas pode ocorrer em pessoas normais, quando se aferram à ideia do êxito e se preocupam em excesso por consegui-lo. Podem cair num estado de estresse que, mais cedo ou mais tarde, produzirá sintomas de esgotamento psíquico.

Os outros

Toda a pessoa normal, quando está com outras, procura não incomodar, não preocupar, não desgostar, não fazer sofrer e, se possível, fazer o contrário: agradar, ajudar, consolar, louvar. Isto exige estar alerta para saber o que pode aborrecer ou magoar os outros e o que pode dar-lhes prazer.

Esta atitude social positiva dá lugar a um estado de tensão, certamente desagradável, mas que se neutraliza pelas boas disposições que cria em nós quando percebemos que, em troca, os outros nos querem e estimam.

Essa preocupação pelos outros — por agradar-lhes e não contrariá-los —, quando é excessiva, pode provocar esgotamento psíquico. Mas também pode provocá-lo em pessoas que, embora não se excedam nessa preocupação, têm de passar muitas horas voltadas para os outros, como acontece com os que trabalham de cara para o público ou com os que são responsáveis pelo trabalho de um grupo de pessoas.

O antídoto para esse efeito negativo é *descansar dos outros*. Essas pessoas devem dedicar tempo a si mesmas, estar com gosto consigo próprias, ocupando-se num trabalho manual, passeando por um parque sem companhia, ouvindo um CD do seu compositor preferido, ou mesmo não fazendo "nada", mas com paz (refletindo).

Nem todos o conseguem facilmente, sobretudo os que se sentem egoístas quando não estão "preocupados" com os outros. São grandes "cuidadores" dos outros, mas maus cuidadores de si mesmos. Devem ser conscientes de que é preciso "cuidar do cuidador", de que "para dar é necessário ter", o que exige carregar as baterias desgastadas para continuar a ajudar.

Com a idade, a energia e a resistência psíquica diminuem, tal como a física; mas, dos quarenta para cima, custa-nos aceitar que já não temos a energia psíquica da juventude. Que fazer? Algumas sugestões:

— procurar não nos tornarmos imprescindíveis em nada;

— fazer com que os outros "tirem as castanhas do fogo" em nosso lugar;

— reduzir a disponibilidade para "todos" e em qualquer momento;

— aceitar que os mais jovens nos substituam nas responsabilidades que temos na empresa, na família ou em obras sociais;

— admitir de bom grado que as circunstâncias nos releguem para um segundo plano na vida dos que nos rodeiam;

— não exigir que contem conosco para tudo, que nos consultem tudo, que nos peçam sempre o nosso parecer.

As pessoas habituadas a viver para os outros têm grande dificuldade em mudar de atitude, porque se sentem inúteis e experimentam como que uma síndrome de abstinência. É o caso das mães que tiveram muitos filhos e, quando chegam aos quarenta ou cinquenta anos, os filhos já não precisam tanto delas e dedicam mais tempo aos amigos ou à namorada. Sofrem então de um vazio afetivo que se costuma chamar "síndrome de ninho vazio".

Convém pois, que todas as mães — e, em geral, todos os cuidadores — continuem a *fomentar amizades e relações fora do âmbito das pessoas de quem cuidam habitualmente*, na previsão de que chegue um momento em que não tenham ninguém por quem velar.

Além disso, convém que, nos momentos livres — que são momentos para "cuidar" de si próprias —, cultivem algum hobby relaxante para continuarem a praticá-lo quando mudarem as circunstâncias, e assim não sentirem esse vazio afetivo que costuma assaltar as pessoas quando cessam numa tarefa que requereu muito esforço durante muito tempo.

A *perfeição*

Já falei do efeito esgotador que tem sentir a obrigação de fazer tudo perfeito ou quase perfeito. É algo que esgota porque o esforço constante por fazer o máximo para que as coisas fiquem ordenadas, corretas, adequadas e maravilhosas produz uma tensão contínua. Esgota também porque, como não se consegue essa perfeição, sempre fica um sentimento de insatisfação, frustração e mal-estar que não permite relaxar e fruir do que se fez. Nem sequer das coisas que nos rodeiam, porque se olham e voltam a olhar-se com olhos críticos para ver as imperfeições e as possibilidades de corrigi-las.

Além disso, como o perfeccionismo é uma "mania", quem padece dela não só quer fazer as coisas perfeitas, mas também que os outros as façam, pois não suporta que o mundo à sua volta tenha imperfeições. Trata-se de uma fobia ao imperfeito, ao desordenado, ao feio, à impontualidade, à ordinarice no vestir, à má educação. Ora, como o mundo não é perfeito, o perfeccionista encontra-se num permanente estado de angústia, que o esgota.

O tratamento das fobias consiste em *acostumar-se* ao que as provoca. É um processo tecnicamente denominado "dessensibilização", que pode ser "sistemático", quando se leva a cabo pouco a pouco, ou por "implosão", quando se faz bruscamente. Em concreto, é recomendável que os perfeccionistas façam todos os dias, voluntariamente, alguma coisa mal feita. Ou que presenciem situações de imperfeição sem queixar-se nem aborrecer-se interiormente. Ou até que se riam do caos, da desordem, da impontualidade, das tarefas mal acabadas, pois o bom humor é um grande antídoto para o dramatismo com que se encara a imperfeição pessoal e a do mundo.

Para que um perfeccionista aceite esse processo de dessensibilização, deve começar por convencer-se de que *a busca da perfeição é um ideal condenado ao fracasso*, porque nunca se pode atingir: todos podemos "melhorar", mas não ser perfeitos.

Depois, é necessário que se inicie um caminho de *mudanças práticas*. Isto exige que se elabore uma lista, o mais concreta e exaustiva possível, das coisas que se procura fazer habitualmente de forma perfeita.

A seguir, é necessário começar a fazer algumas delas do modo que não agrada e incomoda ou entristece. Sugerimos um elenco de coisas, muitas delas tolas e pequenas, que são fáceis de "fazer mal", mas nos preparam para aceitar a imperfeição em outras mais importantes e difíceis de tolerar:

— levantar-se da cama pelo lado contrário ao habitual;
— assear-se e tomar banho por uma ordem diferente da que temos por costume;
— não alisar uma pequena ruga da colcha da cama;
— sentar-se num lugar diferente para tomar o café da manhã;

— não recolocar imediatamente na estante os livros deixados em desordem;

— deixar em outro lugar o controle remoto da televisão;

— deixar aberta uma porta do interior da casa;

— não endireitar por impulso um quadro torto;

— chegar uns minutos atrasado a uma reunião.

São coisas que, se as fazemos intencionalmente de vez em quando, não põem em perigo o habitual cuidado com as coisas pequenas — que é virtude — e, em contrapartida, ajudam a vencer em situações importantes a inclinação para o perfeccionismo, libertando-nos da opressão de toda a dependência, mania ou vício.

O medo

A sensação de medo e temor produz tensão psíquica e física. Como tudo o que se passa no ser humano, *o medo tem a sua função e utilidade*, mas, se for excessivo, quer pela intensidade — como uma crise de pânico —, quer pela duração — como as fobias ou a hipocondria —, chega a destruir o equilíbrio psíquico.

Há um elemento comum a todos os medos: o *sofrimento*. Todos os medos são medo de sofrer, de passar mal. Portanto, a solução radical é *aprender a sofrer com paz*. É o que sempre têm proposto os ascetas: aceitar o sofrimento com tranquilidade — isso porque se encontra um bom motivo; no caso dos ascetas, o amor de Deus —, e assim deixar de temê-lo. Os que o conseguem não deixam de sofrer, mas sofrem menos que o medroso. Este *sofre ao cubo*, pois sofre antes, imaginando possíveis sofrimentos; sofre durante; e sofre depois, pelo medo de que o sofrimento volte a atingi-lo. E esse sofrimento habitual é esgotante.

Nos nossos dias, há uma *epidemia de temor ao sofrimento*. Dá-se em pessoas que procedem de uma sociedade que superprotege as crianças e cuida de evitar-lhes qualquer desgosto, por pequeno que seja. Domina uma mentalidade de rejeição ao sofrimento.

Todos estamos de acordo em que dificilmente se aprende na idade adulta o que não se aprendeu de criança. Quem não aprendeu de criança a vencer o medo ao sofrimento torna-se medroso quando cresce, e pode vir a desenvolver diversas fobias (medos patológicos): uns tentarão combater o medo recorrendo ao álcool, aos antidepressivos e ansiolíticos; outros, se têm medo de doenças e outros perigos, irão consultar as cartomantes ou recorrerão a dietas vegetarianas, à homeopatia, às ervas medicinais, ao *Ômega 3*, aos amuletos, às pulseiras *power balance*, etc.

Dizer que as crianças devem aprender a sofrer não significa aprovar os castigos corporais de tempos atrás, mas deixar que "tirem as castanhas do fogo" ainda que tenham de queimar um pouco os dedinhos, que tirem as sementes das uvas ou as espinhas do peixe, que descasquem a fruta, que se defendam elas mesmas dos coleguinhas violentos, sem buscar escudos protetores...

Em resumo, é bom deixar que os filhos sofram quando for o caso, sem lhes consentir lamentos ou raivas, fazendo-os ver que essas reações não são próprias de quem quer tornar-se forte. Muitas vezes, isso não basta: é necessário também que vejam *o exemplo de pais e educadores fortes*, que sabem pôr boa cara diante dos problemas, doenças, contrariedades e sofrimentos em geral.

A pressa

Fazer as coisas *depressa* ou ter a sensação de *pressa interior*, ainda que não se faça nada, causa tensão psíquica. Viver habitualmente com pressa leva a um cansaço progressivo e intenso.

Há pessoas com *avareza de tempo*. Não podem perder um minuto, como se os minutos fossem moedas de ouro. Não fazer nada ou ter de esperar sem fazer nada causa-lhes tal tensão psíquica que se irritam e se extenuam. Costumam estar frequentemente de mau humor, porque o mundo não vai ao passo delas e as impede de avançar à velocidade que quereriam.

Por outro lado, a pressa com que vivem deve-se à *sensação de terem muitas coisas que resolver*. Coisas que, em muitos casos, são elas mesmas que se obrigam a fazer. A sua maior e quase única alegria é o alivio que sentem cada vez que solucionam ou terminam uma coisa. Além disso, costumam tender a fazer várias coisas ao mesmo tempo, o que cria nelas uma tensão muito maior do que a daqueles que fazem apenas uma de cada vez, e a fazem com calma. Desgosta-as ver os outros fazerem as coisas devagar, e chegam a sentir amargura por tanta lentidão. Costumam reagir chamando a si as tarefas dos outros, com o que sobrecarregam ainda mais a sua agenda já pesada, e assim se lançam mais rapidamente a percorrer o caminho que leva ao esgotamento.

Essas pessoas lembram-me o coelho de *Alice no país das maravilhas*. Alice vê passar o coelho, que tira do bolso um grande relógio e diz: *Oh dear, Oh dear, I shall be late* ("Céus, céus, chegarei tarde"), e desaparece num instante. A cena acontece diversas vezes, e a princípio pensei que o coelho devia ser uma figura importante, pelo menos o administrador. Mas ao findar o conto, não consegui atinar com o papel que desempenhava, e tirei a conclusão de que não passava de um pobre "estressado". Enquanto Alice comemorava o seu não aniversário todos os dias do ano, exceto no dia certo, o coelho passava a vida numa correria. Costumo fazer ver aos meus pacientes a diferença entre Alice e o coelho, para que pensem com qual deles se parecem. Também os animo a aprender da fábula da tartaruga e da lebre. A tartaruga ganha a corrida porque sabe ir à velocidade que a sua natureza lhe permite. Quanta razão na frase que se atribui a Napoleão e que se converteu em dito popular: "Vista-me devagar porque tenho pressa"!

As pessoas apressadas têm de aprender várias coisas:

— a fazer de vez em quando alguma coisa que não seja útil nem importante;

— a fazer devagar o que têm de fazer, ou a andar a um passo um pouco mais lento;

— a fazer uma só coisa de que cada vez e só pensar na seguinte depois de feita a anterior;

— a não enervar-se porque os outros fazem muitas coisas e as fazem rapidamente.

Os que têm um modo de ser e de trabalhar mais pausado preferem *recrear-se* nas coisas que fazem e enquanto as fazem, em vez de apressar-se a concluí-las para gozar do passageiro alívio que dá tirar das costas mais uma obrigação.

A *atividade*

Já vimos a importância que tem deixar de fazer coisas a fim de descansar. Vimos também que, para isso, não basta parar externamente: é preciso parar *por dentro*. Detenhamo-nos um pouco neste segundo aspecto.

É necessário deixar de pensar numa coisa que acabamos de fazer ou averiguar se nos saiu bem; deixar de pensar se os outros terão gostado ou não, se terão pensado bem ou mal de nós e se o terão comentado com outras pessoas. Também temos que deixar de pensar em tudo o que nos resta por fazer, se teremos tempo para fazê-lo e o que acontecerá se não o fizermos no tempo previsto. Muitas vezes, a atividade que mais nos esgota é a de pensar nas coisas feitas, ou feitas pela metade ou ainda não começadas, especialmente se caímos numa *dependência psicológica* da opinião e estima dos outros.

Devemos aprender a cultivar o que chamaríamos *espírito de admiração*, isto é, aprender a admirar e saborear as realidades belas, boas e autênticas da natureza ou das ações dos outros. Descansa muito maravilhar-se ante a beleza de uma paisagem, a harmonia de uma obra de arte, o estilo elegante de um edifício, como também admirar a bondade das pessoas, a simplicidade e espontaneidade de umas crianças que brincam, o carinho com que uma mãe afaga o filhinho, a gentileza com que nos oferecem o lugar num ônibus lotado...

Não são gestos ou atitudes "úteis" nem "importantes", mas produzem emoções positivas que neutralizam as disposições negativas causadas pelo cansaço.

Dar e ajudar

Dar é gratificante, produz contentamento, bem-estar. Tem muito a ver com o amor. E o amor é a mais poderosa fonte de energia e, portanto, *o melhor antídoto contra o cansaço*.

Pode-se dizer que é muito mais sadio sermos generosos, altruístas e caritativos do que egoístas, avaros e tacanhos. E mais alegre: *Há maior alegria em dar do que em receber*, diz a Escritura (At 20, 35). Mas essa alegria em dar não pode existir se o fazemos por obrigação, "porque está mandado", ou porque assim nos sentimos bem. Resulta da convicção de que fazemos o bem *porque é bom*. É uma atitude que procede de uma livre opção e, como já vimos, onde há liberdade há felicidade, e é então que se descansa.

Há pessoas que iniciam uma atividade de benemerência animadas por essa convicção, mas depois perseveram nela por uma espécie de "necessidade psicológica", por compromisso, ou pela obrigação de imitar os que lhes dão exemplo de dedicação ao próximo e não ficar mal diante deles. Com a perda da liberdade interior de dar, perdem o motivo que está na base dessa conduta e que é, como vimos acima, unicamente o amor.

Um aspecto desse dar livremente por amor é — talvez paradoxalmente — *deixar que nos deem*. É preciso aprender a receber coisas, ajuda, mostras de afeto, daqueles que nos querem bem, sem nos sentirmos humilhados ou em dívida. Diz-se que, na cultura japonesa, todo o presente que uma pessoa recebe cria nela a obrigação de devolver a atenção com outro presente, sem deixar passar muito tempo.

É necessário compreender que não é o nosso caso, porque, ao deixar que nos deem, nós também damos alguma coisa: permitimos que os outros vivam a caridade.

Tudo isto se aplica a uma forma específica de dar, *que é ajudar*. Não necessariamente com dinheiro ou coisas, mas com o nosso tempo, energias, conhecimentos, conselhos, palavras reconfortantes. Mais do que dar, é *dar-se*. E é uma boa maneira de descansar, porque distraímos e aliviamos as nossas preocupações assumindo as dos outros.

E aqui vem um novo paradoxo: para ajudarmos os outros, temos de começar por *ajudar-nos a nós mesmos*. O mandamento cristão de "amar o próximo como a nós mesmos" pressupõe que cumprimos o dever de *amar-nos a nós mesmos*. Se alguém ama a si mesmo e não ama os outros, não vive esse mandamento; mas também não o vive quem ama os outros e não se ama a si próprio.

É difícil ajudar bem os outros — ou ajudá-los no mais importante, que é viver sempre com paz e alegria — se não sabemos ajudar-nos a nós mesmos: "ninguém dá o que não tem". Temos de experimentar em nós mesmos a descontração do equilíbrio físico e psicológico, a paz de quem não se preocupa, mas *ocupa-se*. Além do mais, seríamos *ingratos para com Deus*, de quem recebemos gratuitamente tantos talentos que não podemos desconhecer ou maltratar.

De todos estes aspectos passamos a tratar nas páginas seguintes, persuadidos de que não está em jogo apenas o bem-estar pessoal, mas o bem-estar das pessoas das nossas relações.

ATIVIDADES QUE DESCANSAM

Embora corra o risco de repetir-me em alguns pontos, penso que vale a pena comentar brevemente algumas atividades que se recomendam para prevenir e tratar o cansaço, seja normal ou patológico.

Exercício físico

Enuncio este capítulo com o título de "exercício físico" e não com o de "esporte", porque se costuma ligar o termo "esporte" à ideia de competir com outras pessoas para vencê-las, e, como vimos, a competitividade produz tensão. Não quero dizer que as competições não ajudem a descansar, sobretudo psiquicamente, mas é necessário saber "perder" para evitar que "o remédio seja pior que a doença". Se uma derrota nos aborrece, frustra ou entristece, é melhor fazermos apenas exercícios físicos.

Também acho conveniente distinguir entre o exercício *esporádico* e os que se realizam de modo *regular*. Estes são mais benéficos: o corpo vai-se acostumando ao exercício (até estar "em boa forma") e a pessoa cansa-se fisicamente, mas descansa psiquicamente. No começo, é natural que se sofra durante e depois do exercício, e que se experimentem reações negativas e psiquicamente tensas. Mas se se persiste, desaparecem esses sentimentos de rejeição.

O melhor exercício físico é o aeróbico, porque dá tempo ao organismo para se adaptar ao esforço, para chegar a suar e cansar-se sem sofrimento. Há exercícios suaves em que não se chega a suar (por exemplo, andar), que são bons para perder algumas calorias e relaxar, mas não são suficientemente intensos para produzir o descanso psicológico, a menos que se ande mais de três horas seguidas.

Do ponto de vista físico, são melhores os exercícios que põem em movimento maior número de músculos, como a natação, o tênis, o voleibol, o basquete. Do ponto de vista psíquico, é importante que se chegue a suar e a cansar-se sem sofrimento. Melhor ainda se esses exercícios se praticam ao ar livre.

O exercício aumenta a produção de *endorfinas* (opioides endógenos), que causam uma sensação psicológica de bem-estar e um sentimento de alegria e energia. Estas disposições duram umas horas e neutralizam as sensações físicas e psíquicas do estresse.

Por outro lado, as sensações corporais intensas que se produzem durante o exercício atraem a atenção da pessoa e fazem-na *esquecer-se ou distrair-se* das preocupações e ocupações que lhe causaram o cansaço e o estresse. Terminado o exercício, as preocupações voltam, mas de modo diferente, com mais distância emocional, levando a pessoa a dar-lhes menos importância e, portanto, a cansar-se menos. É coisa parecida ao que acontece quando nos deitamos com uma preocupação e, na manhã seguinte, depois das horas de sono em que não pensamos no problema, não nos parece tão importante e cansamo-nos menos. A frase "tenho de consultar o travesseiro" faz todo o sentido quando é necessário tomar uma decisão importante e se têm dúvidas: na manhã seguinte, vê-se com clareza a solução mais oportuna.

O descanso dos sentidos

Já vimos que, se conseguimos cumprir com gosto os nossos deveres, não necessitamos de meios extraordinários para descansar. Ora, como isso não é fácil, temos de recorrer a algumas atividades que nos ajudem. Aqui intervêm os sentidos.

Os sentidos são a porta de entrada para o mundo interior. Todas as percepções sensíveis produzem mudanças no estado de ânimo, e essas mudanças põem em andamento outras funções psíquicas, como a memória, a imaginação e os pensamentos. Além disso, afetam o organismo físico, positiva ou negativamente, conforme o sinal da emoção desencadeada pelas sensações. Os bons diretores de cinema sabem como utilizar a trilha sonora e os diálogos para produzir nos espectadores as emoções que desejam provocar. Quantas vezes não temos chorado, rido, temido, gritado com entusiasmo vendo um filme!

A nossa vida diária, sobretudo nas grandes cidades, está invadida por ruídos intensos, imagens excitantes de anúncios, gritaria dos camelôs, fortes odores, e tudo isso gera um fundo emocional de tensão que acaba por produzir cansaço e saturação. E são precisas, como antídoto, sensações contrárias: imagens belas, odores agradáveis, momentos de silêncio, sons tranquilizadores, que nos devolvam o bem-estar psíquico e o relaxamento físico.

Há pessoas que procuram com avidez percepções agradáveis, mas fazem-no porque se viciaram nelas. Têm de ouvir a todo o momento a música dos seus ídolos, mesmo dirigindo, ou na sala de aula, no caso dos estudantes; têm de olhar para tudo o que se passa na rua, para uma mulher vistosa, para as vitrines; têm de sentar-se na posição mais cômoda, fumar sem parar, comer o que lhes apetece, acariciar constantemente o cachorro ou o gato de estimação, etc., etc. São vícios que, como todos os vícios, levam à *perda de sensibilidade* para as coisas valiosas, à instabilidade emocional quando não se satisfazem. *O balanço de um vício é sempre negativo*.

O recomendável é um uso *racional, equilibrado*, dos estímulos sensíveis agradáveis. Não convém chegar à saciedade, mas ficar com alguma "fome", porque assim se conserva a sensibilidade para o estímulo agradável e se pode saboreá-lo em novas ocasiões, utilizando-o como arma contra o cansaço.

Além disso, o prazer dos sentidos deve fazer-se acompanhar de um prazer paralelo das *funções psíquicas internas* (imaginação, memória, pensamento). O uso dos sentidos externos faz-nos depender mais do mundo exterior. Já o dos sentidos internos só nos faz depender dos vestígios internos deixados pelas nossas experiências vitais e elaboradas pelos nossos processos cognitivos. Torna-nos mais independentes do mundo exterior, mais autônomos.

Atualmente, na sociedade ocidental, concede-se excessiva relevância ao papel dos sentidos externos: gosto, ouvido, vista, olfato, tato. Por isso se desenvolveu tanto a indústria dos cosméticos femininos e masculinos, das cirurgias estéticas, dos perfumes, dos audiovisuais, etc. Esta cultura produziu pessoas com fome de *sensações intensas e geralmente muito rápidas*, pessoas que toleram mal o silêncio, os tempos de espera, a reflexão. E isso chega a enjoar e esgotar, e inutiliza as sensações prazerosas como meio de descanso.

A música

A melhor música para descansar é a que mais agrada, mas, embora eu não seja um especialista na matéria, diria que, de modo geral, a música que mais relaxa é a música lírica, a música clássica que acompanha o *bel canto*. A voz humana é o melhor instrumento musical e a voz dos cantores líricos é a mais cultivada. Em geral, uma boa voz, se é harmoniosa, produz emoções positivas. É coisa que as mães sabem muito bem, pois comprovam o efeito calmante e hipnótico que têm as canções de ninar nos filhos pequenos.

Hoje, muitos jovens — e não tão jovens — ouvem música desde que se levantam até que se deitam. Os MP3, MP4, iPods e celulares permitem que se vá pela rua, que se viaje ou se espere com os fones postos. Isto tem os seus inconvenientes, pois pode levar ao isolamento, a não pensar. Pensar é dialogar com a interioridade própria e ser amigo de si próprio. Tanta música de fundo pode fazer com que nem nos falemos nem nos ouçamos. E nem vale a pena mencionar os shows multitudinários, os *Rock in Rio*, os festivais do Ano Novo, as baladas ensurdecedoras, que são outro meio de pura evasão e esgotam. A moderação e o bom gosto nos shows musicais, sem "histerias" coletivas, relaxam e descansam.

A *leitura*

Sentar-se para ler e concentrar-se no que se lê descansa das preocupações e ocupações habituais. Se as preocupações são muito fortes, são recomendáveis as leituras que prendam a atenção, como são as que dizem respeito aos nossos gostos (carros, modalidades esportivas, pesca submarina, ultraleves, etc.); ou as que têm um enredo muito emocionante, como os romances de aventuras ou de suspense.

Há quem pense que semelhantes leituras são uma perda de tempo, pois não ensinam nada. Trata-se de pessoas que têm necessidade de tirar rendimento a tudo o que fazem. Precisamente por isso, convém-lhes "perder o tempo" lendo esse tipo de livros que, embora insubstanciais, podem despertar emoções positivas. E não perderão o tempo, pois a inteligência não é a única coisa que conta.

Em geral, os livros que despertam emoções positivas são aqueles em que os bons são muito bons e os maus muito maus, e ganham os bons, isto é, o livro acaba bem.

Quando uma pessoa gosta de ler boa literatura, *nunca se sente só* — coisa que é um sentimento negativo —, pois ganha carinho e se sente acompanhada pelos personagens dos seus livros. E se são personagens que revelam caráter e bondade (se são bons no sentido que vimos acima), transmitem-lhe alegria: a alegria de ver a virtude triunfar.

Pode-se ler e reler em qualquer momento um livro bom que se tenha na estante. Além disso, pode-se ler em qualquer idade, ao passo que há outros entretenimentos que têm de ser abandonados por força das limitações físicas.

Os jogos

O ser humano pratica jogos desde a Antiguidade. Conhecem-se milhares de jogos diferentes, uns da habilidade física, outros de habilidade intelectual e outros mistos. Há jogos de um contra outro, de uma equipe contra outra, em que a meta é ganhar.

A vitória é muito excitante e gratificante, mas o fator que mais importa, como vimos, não é o êxito, mas *estar com os outros*, geralmente amigos, entregando-se a um divertimento que não tem graves repercussões nem implica responsabilidades. O jogo é, pois, uma poderosa ajuda para descansar.

Alguns jogos são muito recomendáveis para pessoas de idade. Estão neste caso os jogos em que a habilidade intelectual é mais importante que a física, como o xadrez, o dominó, as damas e diversos jogos de cartas. Podem praticar-se durante toda a vida, mesmo em períodos de doença. Esses entretenimentos ajudam muito as pessoas mais velhas, que tendem a pensar coisas negativas e a deprimir-se: mantêm a cabeça ocupada numa atividade que não preocupa nem faz sofrer.

É preciso ter o cuidado de não cair no vício e *desleixar as obrigações pessoais*, o que dá lugar a um sentimento de culpa por não se ter cortado a tempo ou se ter jogado quando se devia trabalhar. Para não amargar este doce, devemos ser muito estritos em não ultrapassar o tempo que a prudência nos indica.

As excursões e as viagens

A cidade e o local do nosso trabalho lembram-nos permanentemente as nossas obrigações e por isso são um fator de cansaço a médio prazo. Daí a importância de fazer excursões e de viajar de vez em quando.

Não nos dispensam disso as saídas à rua ou as viagens a outra cidade por motivos profissionais. Nesses casos, continua-se a trabalhar mentalmente e sofre-se da tensão emocional que causa a incerteza dos resultados. É necessário "sair para espairecer"; só então se soma à distância física a *distância psíquica*, e desse modo a cabeça "não se queima", antes "esfria", isto é, descansa.

Numa excursão ou numa viagem de recreio, importa não falar nem pensar nos problemas que se têm de resolver, nem visitar pessoas que naquele momento estejam absorvidas nas suas obrigações. A mentalidade deve ser a de quem se "desliga" por completo, para entregar-se de corpo e alma a desfrutar de programas que relaxam.

Muitas das excursões e viagens têm por fim ver coisas belas da natureza ou da arte.

Tal como a bondade, *a beleza produz um efeito psicológico muito benéfico*, pois gera um sentimento de paz e sossego.

Por outro lado, é frequente que se façam as excursões com pessoas amigas, cujo convívio só por si descansa, como veremos. Como também descansa a *ausência de pressa*: se a excursão ou a viagem dura uns dias ou mais, recuperam-se por um bom período de tempo as energias, a vitalidade e a alegria.

A contemplação

Vimos ao longo deste trabalho que, para manter a saúde mental e a alegria de viver, é preciso atingir um equilíbrio entre os aspectos negativos e positivos da nossa vida psicológica. Trata-se de tomar o "veneno" com o antídoto, o que, em termos de saúde, equivale a dizer que convém conjugar a tensão com o relaxamento, o cansaço com o descanso, a solidão com a companhia, etc.

Centremo-nos agora na contemplação, que é antídoto contra o ativismo ou frenesi vital. A atividade cansa, a contemplação descansa, sobretudo quando se contemplam coisas boas, belas e autênticas, como vimos no item anterior.

Vivemos numa época em que o meio de transporte em auge é o trem-bala, que nos leva em pouquíssimas horas ao lugar onde temos de fazer alguma coisa importante. Mas o trem-bala não permite fruir da paisagem e até pode enjoar-nos se nos empenhamos em olhá-la com atenção. Além disso, uma viagem que tempos atrás demorava mais horas permitia refletir.

Contemplar é recrear-se, saborear o objeto contemplado. Ver brincar umas crianças ou os filhos; conversar com uma pessoa que estimamos; observar uma bela paisagem; ouvir o rumor do mar; olhar para o céu azul, admirar uma obra de arte..., tudo isso produz serenidade e relaxamento.

A família e os amigos

Quando estamos com pessoas que *nos querem bem e nos sentimos queridos*, relaxamo-nos das nossas canseiras, quanto mais não seja porque não temos que "representar" para sermos apreciados. A confiança que experimentamos quando sabemos que nos querem e nos aceitam como somos leva-nos a comportar-nos com liberdade e espontaneidade, sem a tensão de quem tem de fazer boa figura. Esta forma de viver descansa muito.

Este ambiente de simplicidade, que é o habitual no seio da família, dá-se também quando estamos com os amigos. Daí a conveniência de não nos reunirmos com eles para desabafar os nossos problemas profissionais ou contar as pequenas mágoas e mal-entendidos da vida, normalmente passageiros: estragariam esses momentos de distensão. Também os comprometeríamos se nessas ocasiões consumíssemos álcool em excesso.

Quando se passa por um período de especial cansaço, é bom lembrar-se do efeito reparador da vida no lar e do convívio com os amigos. Mas é muito melhor conviver *habitualmente* com gosto com a esposa, os filhos e os amigos. Não apenas nos aniversários e festas, mas também para conversar amenamente em casa todos os dias, para sair de compras ou, no caso dos amigos, para tomar uma cerveja, praticar algum esporte ou simplesmente conversar.

O riso e o bom humor

Periodicamente, aparecem nas revistas de divulgação científica artigos sobre os benefícios do riso e do bom humor. Têm boa parte de verdade, embora às vezes os apresentem como a panaceia da saúde física e psíquica.

Como dissemos atrás, a unidade psicossomática do corpo e da mente faz com que os fenômenos físicos repercutam na esfera psíquica, e vice-versa. Rir, que é coisa física, produz mudanças psíquicas. Quanto mais vezes se ria, e quanto mais tempo dure o riso, mais profundas e duradouras serão as emoções positivas que se produzem, aliviando e contrabalançando as emoções negativas e o cansaço.

Os músculos que se põem em ação no riso franco são muitos mais que os de um mero sorriso, que às vezes denota condescendência ou mesmo ironia. São além disso os antagonistas dos músculos que se contraem com o cansaço e o estresse provocados pelas obrigações, problemas e contrariedades. Pela lei física dos antagonismos, quando um músculo se contrai, o seu oposto distende-se. Já vimos várias vezes nestas páginas que, para descansar, é preciso desfrutar de momentos agradáveis. Pois bem, *quando rimos, desfrutamos desses momentos*.

Há muitas ocasiões que se prestam ao riso: por exemplo, assistir a um filme ou teatro de comédia, ver vídeos de humor na internet, ouvir piadas contadas por gente com graça, fazer brincadeiras que não sejam de mau gosto, recordar com outras pessoas situações ou coisas divertidas, etc.

Treinar-se em rir diante de coisas divertidas pode facilitar que consigamos *rir-nos de nós mesmos*. Há pessoas que tomam tudo a sério e por isso estão sempre em tensão. Esse treino pode predispor-nos a não encarar a vida — a única que temos — tão tragicamente.

Para os que nos rodeiam, essa atitude de bom humor habitual é um bálsamo de alegria e descanso, como o é para nós. Com isso, criamos à nossa volta um clima de tranquilidade contagiante, que evita a tristeza e a amargura. São momentos que, como acabamos de ver, não devemos contaminar com notícias desagradáveis ou dolorosas, ou com discussões bizantinas. Os momentos de boas risadas são momentos para passar bem, e os momentos tristes para sofrer. Devemos procurar que sejam mais frequentes os primeiros e mais breves os segundos, mas sem misturá-los.

As ocupações manuais e os consertos

Nos nossos dias, a difusão de conjuntos para montar em casa contribui para tornar fácil ocupar-se de consertos domésticos ou fabricar objetos para o lazer (modelismo, marchetaria, Lego...).

Essas atividades manuais, quando nos propomos executá-las bem e fazer com que os familiares aprovem os resultados, levam-nos a pôr toda a atenção nelas e assim descansar das preocupações e responsabilidades cotidianas.

É claro que, para isso, se deve ter uma certa habilidade manual. As pessoas de mãos muito desajeitadas devem procurar outras atividades, porque, caso contrário, desanimam, sentem-se frustradas e indispõem-se com aqueles que as recriminam porque o que fizeram não serve para nada.

Há, porém, serviços manuais que estão ao alcance das pessoas menos hábeis, como são os consertos simples: trocar uma lâmpada, cortar a grama, pôr ordem no quarto de arrumações ou na garagem; ou, no caso das mulheres que trabalham fora de casa, depois de cuidarem dos afazeres do lar, bordar, costurar, compor pulseiras, colares, etc.

O ideal é descansar do cansaço intelectual com ocupações manuais e do cansaço físico com atividades intelectuais. Esta é a forma de alcançar o equilíbrio vital entre o físico e o intelectual.

A jardinagem e a horticultura

O cuidado do jardim, do terraço, das flores nas varandas e da horta são também trabalhos manuais que descansam, mas com a pequena diferença de que *produzem frutos*.

A jardinagem e as plantas dão como fruto a beleza da natureza contida num pedaço de jardim ou numa jardineira. No caso das hortas, além da beleza das plantas, conseguimos na época própria frutas que se podem saborear e que, por não passarem por processos industriais de conservação, mantêm o seu verdadeiro aroma e sabor. Não há nada melhor do que comer uma fruta colhida da árvore ou da horta. É por isso que se procura cada vez mais, se não se mora numa casa com um pouco de terreno à volta, ter meios para dispor de uma casa de campo com um pedaço de terra onde semear árvores frutíferas ou cultivar um jardim, recordando as origens da espécie humana, em que o homem vivia estreitamente unido à natureza e se contagiava da sua bondade.

O contato com a terra é *muito gratificante*, pois a natureza é boa e agradecida, e, se a tratamos bem, também nos trata bem e nos oferece sensações agradáveis: além de nos alegrarem o espírito, descansam-nos da fadiga do trabalho quotidiano.

A oração e as atividades religiosas

Num nível muito superior ao dos anteriores, a oração e as atividades religiosas, além dos seus fins próprios, são fonte de descanso.

Nem todos têm sensibilidade religiosa, mas não são poucos os que encontram calma, serenidade e descanso quando se dirigem a um Ser superior em quem reconhecem o Criador do universo e o Pai de toda a bondade, que quer o melhor para os seus filhos. E se Ele, que é onipotente, "descansou" do seu trabalho com a criação do universo, e quis que isso constasse da Bíblia para nosso conhecimento, também nós devemos descansar depois dos nossos trabalhos.

No sossego de uma igreja, ou no silêncio matinal do nosso escritório em casa, é fácil recuperarmos a calma. É grande o alívio que experimentamos diante desse Ser Todo-Poderoso, que pode e quer ajudar-nos a resolver os nossos problemas ou nos dá forças para os enfrentar. Muitas vezes, na presença de Deus, os problemas e as responsabilidades mudam de figura; perdem importância e passamos a encará-los com mais realismo, eliminando ou ao menos aliviando o jugo paralisante e cansativo da preocupação e do temor.

Outra disposição que surge do trato filial com Deus é encontrar um motivo para aceitar a carga das coisas que não se podem evitar. Para um homem de fé, todo o peso das contrariedades, dos desgostos e dos fracassos, das decepções, é acolhido como um modo de contrabalançar e *reparar as fraquezas próprias e os desvarios da humanidade*, e como uma verdadeira *bênção* chamada a dar frutos duradouros já nesta vida e a eternizá-los na vida que há de vir. "Quando se sabe o *porquê*, pouco importa o *como*". E então se descansa. E se faz descansar as pessoas queridas, coisa mais importante que todos os bens materiais.

Poderiam incluir-se neste item as diversas técnicas de meditação, que são uma espécie de contemplação mental dos temas importantes para qualquer ser humano. De modo especial, para um homem de fé, aquieta e descansa o hábito da *oração interior*, que é um diálogo sem palavras — muitas vezes um simples olhar amoroso — com Deus, que é o Deus da paz: *Eu penso pensamentos de paz* (Jer 29, 11), diz-nos Ele. É uma paz contagiosa, que nos dá consolo, segurança e descanso no meio das preocupações.

As pessoas que mais precisam desses tempos de oração silenciosa são as que parecem não ter tempo "a perder" e acabam no desamparo do cansaço. Se forem fiéis a essa prática diariamente, verão renovar-se as suas energias não só para o trabalho pontualmente bem feito, mas para uma disposição alegre, cheia de bom humor e vontade de servir, quando regressam a casa ou estão com os amigos[1].

---

(1) Não são poucos os que hoje em dia adotam métodos de meditação "transcendental", inspirados na tradição religiosa do Oriente, especialmente no budismo e no hinduísmo. "A Igreja católica nada rejeita do que nessas religiões existe de verdadeiro e santo" (Declaração *Nostra Aetate*, n. 2), mas deixa bem claro aos cristãos que não se pode "perder nunca de vista a concepção cristã da oração, a sua lógica e as suas exigências" (Congregação para a Doutrina da Fé, *Carta aos bispos da Igreja Católica acerca de alguns aspectos da meditação cristã*, 15.10.1989, n. 16). E "a oração cristã é sempre determinada pela estrutura mesma da fé cristã, na qual resplandece a verdade mesma de Deus e da criatura. Por isso, falando com propriedade, a oração assume a forma de um diálogo pessoal, íntimo e profundo, entre o homem e Deus. [...] Por esta razão, recusa técnicas impessoais ou centradas sobre o eu, as quais tendem a produzir automatismos nos quais o orante cai prisioneiro de um espiritualismo intimista, incapaz de uma livre abertura para o Deus transcendente" (idem, n. 3). A verdadeira oração distancia-nos de nós mesmos e dos problemas imediatos e aproxima-nos de Deus. O cristão que ora encontra, pois, um verdadeiro repouso no amor paternal do Senhor (cfr. o Posfácio no final deste livro) (N. do T.).

POSFÁCIO

Emérico da Gama

O autor encerrou as suas considerações com um tema que, apesar de exposto em último lugar, não é o menos importante, pois ultrapassa as receitas dos livros de autoajuda e as recomendações dos psiquiatras, para abrir-nos ao horizonte da paz em Cristo. Em complemento e reforço dessas considerações, acrescentamos a seguir um punhado de reflexões sobre o descanso em Deus.

O descanso em Deus

Se vós, pois, sendo maus, sabeis dar boas coisas aos vossos filhos, quanto mais vosso Pai celestial dará o Espírito Santo aos que lho pedirem, diz Cristo no Evangelho (Lc 11, 13). Deus é nosso Pai, um Pai extremoso que nos ama mais que todos os pais e mães juntos. Ama-nos a tal ponto que nos entregou o seu Filho Unigênito, para que, resgatados, pudéssemos ser amados *com o mesmo amor* com que Ele ama desde toda a eternidade a Segunda Pessoa da Santíssima Trindade, que se fez carne por nós. Deus ama-nos em Cristo, porque vê em nós um *decalque*, uma *réplica*, digamos assim, de Cristo. Ou a gozosa possibilidade de o sermos.

Que observamos em Jesus, sob o ângulo do nosso tema? Uma frase que pronunciou, com todo o ar de um testamento, pode encaminhar estas reflexões: *Deixo-vos a paz, dou-vos a minha paz* (Jo 14, 27).

Deixa-nos a *sua* paz. De onde lhe vinha? Da sua permanente visão do Pai e da união com Ele: *Eu e o Pai somos um* (Jo 10, 30). Daí que dissesse: *Aquele que me enviou está comigo; ele não me deixou sozinho, porque faço sempre o que é do seu agrado* (Jo 8, 29). E no fim da sua vida terrena poderá dizer ao Pai: *Completei a obra que me deste a fazer* (Jo 17, 4). Esse foi o sentido da sua vida entre nós, o elemento unificador de todos os seus trabalhos e vicissitudes. Não foi uma paz que lhe tivesse vindo de fora, pois a nada se poupou nem nada lhe foi poupado do que cansa um ser humano.

Não teve "paz" do ponto de vista físico. Entregou-se a longas caminhadas no cumprimento da sua missão, passou fome e sede na sua vida pública, não teve um teto fixo onde reclinar com sossego a cabeça, e no fim da vida terrena enfrentou sem lamentos as chicotadas que lhe dilaceraram o corpo, o peso da Cruz na subida do Calvário, os cravos com que o crucificaram.

Também não teve "paz" do ponto de vista psíquico: sofreu com a oposição dos que vinha salvar, com a ingratidão, com a traição, com a tergiversação das suas palavras e gestos. De que o acusaram? De comilão e bebedor, de suspeito de sonegar impostos, de mentiroso e embusteiro, de blasfemo, de aliado de Satanás... Tiraram-lhe não só a roupa do corpo, mas a honra, prendendo-o como a um ladrão, cobrindo-o de zombarias, fazendo-o morrer como se fosse um malfeitor, que isso eram os seus dois companheiros de suplício.

E, no entanto, pôde deixar-nos em herança a paz. Por quê? Porque a tinha no mais íntimo de si mesmo. Jamais perdeu a visão de seu

Pai Deus, o colóquio filial com Ele, a alegria de estar cumprindo o desígnio divino. E se chegou ao cansaço e ao tédio no Horto das Oliveiras, a ponto de suar sangue, encontrou nessa Vontade do Pai a razão de ser, o motivo para a aceitação do sacrifício: *Não se faça, todavia, a minha vontade, mas sim a tua* (Lc 22, 42).

E após longas horas de diálogo com Ele, saiu sereno e forte ao encontro dos que o vinham prender, mais preocupado com a sorte dos Apóstolos do que com a sua, curando a orelha de um soldado decepada por Pedro, e, mais adiante, consolando as filhas de Jerusalém: *Não choreis por mim, mas por vós...* (Lc 23, 28). O seu próprio silêncio diante de Herodes, e depois no átrio de Pilatos, ante a avalanche das acusações, denota uma assombrosa paz de espírito. Cristo não foi para a morte como um vencido mergulhado na exaustão, mas como vencedor. Havia nEle um sentido para tudo, e esse sentido guardou-o da angústia nos derradeiros instantes.

O presente livro aponta alguns meios para nunca cairmos em estados de tensão e esgotamento. Seria útil vermos brevemente — apoiados no testemunho dos Evangelhos —

como em Cristo encontramos o incentivo para não menosprezarmos esses meios. Tudo o que foi e fez na terra é modelo para nós.

Não havia nEle o confronto entre a carne e o espírito, a razão e a sensibilidade, o dever e o comodismo e a arbitrariedade, o pecado e a virtude, o sadio amor próprio e o amor ao próximo. Havia a unidade da paz que resulta da existência de um *sentido para a vida*. Em nós, essa unidade quebrou-se a partir da queda original, e nos conflitos a que dá lugar encontra-se uma das maiores causas das nossas ansiedades e angústias. Cabe-nos recompor esses despedaçamentos, não só por meios humanos, sem dúvida convenientes, mas sobretudo pelo trato assíduo com Cristo: *Ele é a nossa paz*, diz São Paulo (Ef 2, 14). Repassemos à luz da sua vida alguns dos meios humanos que este livro aconselha.

Não nos consta que Jesus tivesse ao longo da sua existência um estilo de vida como o de João Batista, que se vestia de pelos de camelo e se alimentava de gafanhotos e mel silvestre no deserto. Pelo contrário, teve uma infância e adolescência normais no aconchego da família de Nazaré.

Amou a natureza, a vida ao ar livre. Virá a falar da liberdade com que os pássaros voam, da maravilha dos lírios. Preferirá por cenário dos seus ensinamentos a montanha, o campo, o lago de Genesaré, não a sinagoga, onde também ensinava muitas vezes aos sábados, mas instituiu a Eucaristia e o sacerdócio na sala de uma casa de família. Nada que lembrasse a reclusão dos nossos escritórios e fábricas, que acabam por asfixiar e cansar.

Gostava de subir a um monte para orar, ia às praças, observava com interesse como cantava um grupo de meninos, cruzava as águas do Mar de Tiberíades, onde ensinou os Apóstolos a não ter medo, se não tirassem os olhos dEle.

Nos trinta anos de vida oculta, não se entregou apenas ao trabalho e à oração, a ler as Escrituras, que cita tantas vezes, mas esteve atento às realidades cotidianas. Foram tantas as coisas que reteve dos seus tempos de vida no lar! As aflições da dona de casa que perdeu uma moeda, os labores domésticos da elaboração do pão com um pouco de fermento, o crescimento das árvores a partir de uma semente minúscula, os cuidados do pastor com a ovelha tresmalhada, as construções que necessitam de alicerces sólidos... Era esse espírito de admiração contemplativa que nEle constituía um modo de louvar a obra criadora de seu Pai e em nós pode ser um meio de descansar vendo o dedo de Deus nas situações mais corriqueiras.

Jamais se preocupou com fazer boa figura, de ficar bem com os homens, de importar-se com o que pudessem pensar dEle os letrados dominados pela inveja e pelos juízos tortuosos. *É para dar testemunho da verdade que nasci e vim ao mundo* (Jo 18, 37). Era isso o que lhe importava. E nada mais.

Pelo seu modo franco e cordial, atraiu as amizades, não só com os Apóstolos, a quem chamou amigos, mas com as criancinhas, a quem abraçou e abençoou na presença das mães; abriu-se ao convívio com os publicanos e pecadores, em ambientes distendidos como um banquete; manteve longas conversas com os que queriam conhecê-lo pessoalmente, como as que teve em sua casa com João e André, e com Nicodemos, membro do Sinédrio, que o visitou à noite para esclarecer as suas dúvidas, e que viria a cuidar do seu corpo morto como se cuida do de um velho amigo. Em Cristo, a amizade foi o alicerce humano sobre o qual construiu a sua Igreja e um dos meios que contribuíram para assegurar a fidelidade dos Apóstolos.

Entregue ao trabalho de dia e de noite, operando uma última conversão instantes antes de expirar, terá Cristo descansado? O autor deste livro diz a certa altura que, além dos meios habituais de interromper as atividades, deve haver duas disposições que permitam o descanso: trabalhar com gosto, isto é, gostar do trabalho que se tem, e descansar todos os dias, por mais sufocante que tenha sido a jornada de trabalho. Em Cristo houve essas disposições: se fez o que era do agrado do Pai — os dois eram um só —, não aceitou forçado, mas voluntariamente, a encarnação, a oposição e a morte na Cruz: tinha um único propósito, que era *de amor*, e o que se faz por amor não cansa. E se cansa, ama-se o cansaço, o que não é cansar-se.

Mas também não lhe foi alheio o descanso físico, além do sábado. Adormeceu ao atravessar as águas do Tiberíades (servindo-nos das expressões do autor, permitiu-se uma "sesta" ou "umas pescadas"). Depois de um dia exaustivo, que culminou com o milagre da multiplicação dos pães, retirou-se a um monte para descansar em diálogo com o Pai. Quando os seus discípulos regressaram da jornada em que estrearam a sua missão apostólica sem a presença do Mestre, convidou-os a repousar: *Vinde à parte, para algum lugar ermo, e descansai um pouco* (Mc 6, 31). Se descansou, se convidou os discípulos a relaxar após as tensões que provoca algo que se faz pela primeira vez, não quererá que façamos o mesmo, depois de um trabalho intenso sob a pressão dos riscos e dos resultados? Poderia Ele contradizer-se e trabalhar cheio de pressa, sem parar, sem ter o suficiente descanso noturno que nEle era agradecimento tranquilo a Deus Pai?

E Cristo riu? Será que podemos imaginá-lo sério, sisudo, hirto, distante, se as crianças queriam aproximar-se dEle, se fez o seu primeiro milagre no ambiente festivo de umas bodas? E se revelou aos Apóstolos: *Disse-vos essas coisas para que a minha alegria esteja em vós, e a vossa alegria seja completa* (Jo 15, 11)? Estar alegre e não rir? Se em Deus é um contrassenso, muito mais nAquele que, sendo perfeito Deus, *é perfeito homem*. Não é acidentalmente que o Livro dos Provérbios diz (8, 31) que Deus [a Sabedoria] *brincava sobre o globo da terra, achando as suas delícias em estar com os filhos dos homens*. É só ver como brincam as crianças, como gritam e correm e riem e folgam umas com as outras.

E este pensamento sobre o mundo das crianças leva-nos a refletir sobre o que deve ser o mundo interior de um cristão: um mundo de alegria feliz, em que se *brinca* sob o olhar amoroso e vigilante de Deus Pai. "Diante de Deus, que é eterno, tu és uma criança menor do que, diante de ti, um garotinho de dois anos", diz o livro *Caminho* (n. 860). E ao longo dos seus dois capítulos dedicados ao tema da infância espiritual, encontraremos abundante matéria para assentar em bases sólidas todos os meios para nos recuperarmos do cansaço em qualquer circunstância.

As crianças não têm passado: logo se esquecem e se refazem de uma queda nos seus jogos, logo param de chorar depois de saírem mal de uma pequena briga, se os pais ao seu lado as beijam e consolam. Também não se preocupam com o futuro, que está nas mãos do pai e da mãe, que sabem e lhes dão o que precisam, e, se alguma vez lhes dizem "não" ao que pedem, é porque lhes vão dar coisa melhor. Vivem sempre em presente, seguras, divertidas com o que fazem naquele momento, sem inquietações, com a liberdade de movimentos de um "peixe em nenhuma rede".

Temos de imitar as crianças: *Se não vos transformardes e vos tornardes como criancinhas, não entrareis no Reino dos céus* (Mt 18, 3). Isto não é mimalhice nem utopia e irrealismo, mas *confiança absoluta* em que *todas as coisas concorrem para o bem daqueles que amam a Deus* (Rom 8, 28), e, portanto, não há motivo nenhum para vivermos tensos, ansiosos, cansados, ou para nada fazermos por sair desses estados. Há situações difíceis na vida, sem dúvida, mas todas passam e, de uma maneira ou de outra, sempre se resolvem a nosso favor. *Pode uma mulher esquecer-se daquele que amamenta? Não ter ternura pelo fruto de suas entranhas? E mesmo que ela o esquecesse, eu não te esqueceria nunca* (Is 49, 15).

Este é o motivo último para vivermos descontraídos, para nos repormos dos baques, e, por mais rugas que acumulemos na testa, sermos homens e mulheres joviais, otimistas, amantes do esporte, da leitura, da música, da natureza, do convívio com os amigos, das excursões e passeios de bicicleta. Tudo isso são ocasiões de encontrarmos e conversarmos com Deus, que nos vê e nos acompanha, "quer nos sentemos" para trabalhar com gosto, medida e paz, "quer nos levantemos" para nos distrairmos e descansar (cf. Sal 138). Afinal de contas, é a certeza do que diz o Salmo 22:

O Senhor é meu pastor,
Nada me há de faltar.
Em verdes prados me faz descansar.
Conduz-me junto às águas refrescantes,
Restaura as forças da minha alma.
Por caminhos retos me conduz,
Por amor do seu nome.